Karsten Rauchfuß

Nächste Ausfahrt Ammerland

Karsten Rauchfuß

Nächste Ausfahrt Ammerland

Der Krimi - Freizeitführer

ISENSEE VERLAG
OLDENBURG

Titelbild von Briddelmaster auf Pixabay

Bibliografische Information der Deutschen Bibliothek

Die Deutsche Bibliothek verzeichnet diese Publikation in der Deutschen Nationalbibliografie; detaillierte bibliografische Daten sind im Internet über <http://dnb.ddb.de> abrufbar.

ISBN 978-3-7308-1644-8

Gedruckt bei Isensee in Oldenburg

Personen und Handlungen sind frei erfunden.
Ähnlichkeiten mit lebenden oder toten Personen
sind rein zufällig.

Da auch das Ammerland, wie andere Regionen, einem ständigen Wandel unterliegt und Irrtümer vorbehalten sind, besteht für die Aktualität, Korrektheit und Vollständigkeit der Angaben, keine Gewähr.

Außerdem distanziert sich der Autor aus rechtlichen Gründen von allen Inhalten der möglicherweise aufgeführten Internetseiten.
Es sei erwähnt, dass der Autor auf aktuelle und zukünftige Gestaltung, sowie Inhalte oder Urheberschaft der aufgeführten Internetseiten, keinen Einfluss hat.

Bei den Freizeittipps handelt es sich um eine persönliche Auswahl aus der Vielfalt dessen, was das Ammerland zu bieten hat.

Ausführliche Informationen zum reichhaltigen Freizeitangebot im Ammerland finden Sie unter:

Apen-Touristik
Hauptstraße 203
26689 Apen
Tel.: 04489 / 7373

Bad Zwischenahn-Touristik
Unter den Eichen 18
26160 Bad Zwischenahn
Tel.: 04403 / 61159

Edewecht Tourist Information
Rathausstraße 7
26188 Edewecht
Tel.: 04405 / 916101

Touristik-Westerstede e.V.
Am Markt 2
26655 Westerstede
Tel.: 04408 / 55660

Rastede-Touristik
Baumgartenstr.10
26180 Rastede
Tel.: 04402 /863855-0

Ammerland-Touristik
Ammerlandallee 12
26655 Westerstede
Tel.: 04488 / 563000

Wiefelstede-Touristik
Kirchstraße 1
26215 Wiefelstede
Tel.: 04402 / 965150

Inhaltsverzeichnis

Aus heiterem Himmel

Paul Rickels stand mit verschränkten Armen im Türrahmen der Küche und ließ seinen Blick durch den Raum schweifen.
Er sah einen ungedeckten Küchentisch und angetaute Schnitzel auf einem Teller liegen und hatte den Verdacht, dass das Mittagessen heute nicht wie gewohnt um 12 Uhr auf dem Tisch stehen würde. Von seiner Frau Magda war weit und breit nichts zu hören, geschweige denn zu sehen.
Sie war, nachdem sie wie jeden Morgen pünktlich um 6 Uhr gemeinsam gefrühstückt hatten, aus dem Haus gegangen. Er schaute zur Küchenuhr. Es war fünf vor zwölf und ihm wurde klar, dass seine Frau ihr Versprechen pünktlich wieder zurück zu sein, nicht einhalten würde.
Paul holte tief Luft. Er hasste Unpünktlichkeit und jede kleinste Abweichung von seinem gewohnten Alltag.
Fast dreißig Jahre hatte er als Sachbearbeiter beim Finanzamt in Westerstede gearbeitet. Vor einem Jahr wurde er dann in den Ruhestand geschickt.
Schweren Herzens verließ er für immer sein Büro mit der Nummer 69 am Ende des Ganges.
In all den Jahren war ihm nie ein Fehler bei der Bearbeitung der Lohnsteueranträge unterlaufen. Stets hatte er die Anträge, die über seinen Schreibtisch gingen, akribisch bearbeitet.
Manche hielten ihn vielleicht für kleinlich oder gar pedantisch. Er fand an seiner Arbeitseinstellung nichts Falsches. Im Gegenteil, er missbilligte das mangelnde Pflichtbewusstsein der jüngeren Kollegen, die gern zu spät kamen oder vor Dienstende das Büro verließen. Er erwartete, dass sie sich ein Beispiel an ihm, dem erfahrenen Kollegen, nahmen.

Auch in seiner Ehe gab es klare Strukturen und keine Kompromisse. Magda hatte als Hausfrau ihren Aufgabenbereich und führte den Haushalt vom ersten Tag an.
Bis heute hatte es für ihn auch keinen Grund gegeben irgendetwas daran zu ändern.
Erneut schaute er zur Uhr und schüttelte den Kopf.
Heute würde er auf sein Mittagessen verzichten müssen. Er spürte wie sich in seinem Magen ein Hungergefühl breit machte und beschloss widerwillig, auswärts zu essen.
„Das ist reine Geldverschwendung“, brummte er vor sich hin.
Paul schaute an sich herunter. Er trug noch immer den blauen Arbeitsanzug, mit dem er bis vor kurzem im Vorgarten gearbeitet hatte. Die Rasenkanten mussten begradigt werden und die Buchsbaumhecke, die das Grundstück zur Straße hin begrenzte, hatte er exakt herunter geschnitten.
Nun ging er ins Bad und stellte sich unter die Dusche.
Wenig später zog er ein weißes Hemd an, band sich sorgfältig eine hellgraue Krawatte um und wählte zum dunkelgrünen Anzug die schwarzen, frisch geputzten Schuhe. Um sein Outfit zu perfektionieren, steckte er ein zur Krawatte passendes Tuch in die Brusttasche und verließ das Haus in Richtung **Restaurant Eisenhütte.**
Nach zwanzig Minuten erreichte er sein Ziel, steuerte auf den Eingang zu und blieb unvermittelt stehen. Ungläubig schaute er durch die große Glasfront, die einen ungehinderten Blick ins Restaurant bot. Hatte er sich getäuscht? Fassungslosigkeit machte sich in ihm breit.
„Das ist doch Magda“, murmelte er. „Wer ist denn der Mann, der neben ihr sitzt und was macht er da?“ Einer Schockstarre gleich, stand Paul bewegungslos vor dem Restaurant und sah, wie der Fremde die Hand seiner Frau streichelte und Magda ihm ein Lä-

cheln schenkte. Und als wäre das nicht schon der Gipfel, neigte sich der Kerl zu ihr hinüber und küsste sie auf die Wange.
Paul war wie vom Donner gerührt. Doch anstatt zum Eingang zu stürmen, die Tür aufzureißen und sich mit schnellen Schritten den beiden zu nähern, um sie zur Rede zu stellen, trat er den Rückzug an.
Gedankenversunken machte er sich mit grummelndem Magen auf den Heimweg. Das Gefühl in seinem Magen hatte nichts mehr mit dem Hungergefühl zu tun, das er noch auf den Hinweg verspürt hatte. Paul Rickels ordnete nach und nach seine Gedanken. Nun fiel ihm auch ein, dass er den Mann kannte. Er war älter geworden. Gewiss, etwas fülliger vielleicht. Seine schwarzen Locken waren von weißen Strähnen durchzogen. Das charismatische Lächeln unterstrich nach wie vor seine attraktive Erscheinung. Während Paul an zwei große Supermärkte vorbei ging und in die Hauptstraße einbog, führten ihn seine Gedanken in die Vergangenheit. Vor seinem geistigen Auge erschienen die Bilder von jenem Tag, an dem er Magda zum ersten Mal begegnet war.

*

Es war Dienstagmorgen. Er saß in seinem Büro am Schreibtisch, als ein zaghaftes Klopfen ihn von seiner Arbeit unterbrach. Eine junge Frau schaute zur Tür herein und blickte ihn mit schuldbewusster Miene an.
„Ich brauche Ihre Hilfe. Ich bin mit dem Ausfüllen der Unterlagen für die Einkommenssteuererklärung ein bisschen überfordert.“
Mit diesen Worten trat sie an seinen Tisch, öffnete ihre Umhängetasche und holte einen Stapel loser Blätter heraus.Mit einem kurzen Blick sah Paul, dass die Unterlagen vor ihm nicht sortiert waren.

„So geht das aber nicht Frau…?“ Paul Rickels suchte in den Unterlagen nach ihrem Namen.
„Magda Coord“, kam sie ihm zuvor und lächelte ihn an.
„Es tut mir leid wegen des ganzen Durcheinanders.“ Sie zeigte auf den Papierstapel und erklärte kleinlaut: „Ich weiß bei all den Quittungen, Kontoauszügen und Bescheinigungen nicht mehr wo mir der Kopf steht.“
Paul Rickels nickte. Ihm war klar, dass das hier keine Sache von einer halben Stunde werden würde.
Es war nicht das erste Mal, dass man ihm einen Wust von unsortierten Papieren zu der ausgefüllten Steuererklärung einreichte. In der Regel schickte er die Unterlagen stets mit dem Vermerk zurück, dass er unsortierte Unterlagen nicht bearbeiten könnte. Er war schon versucht, der jungen Frau die gleiche Auskunft zu geben, als er sie sagen hörte:
„Ich wäre Ihnen unendlich dankbar, wenn Sie ein bisschen Ordnung in mein Leben bringen könnten.“
Paul Rickels blickte auf und betrachtete sie wortlos. Es war keine Koketterie und sie versuchte nicht mit ihren weiblichen Reizen zu spielen, um an ihr Ziel zu kommen.
„Also gut, ich werde Ihnen helfen. Aber dafür brauche ich mindestens einen Tag Zeit. Am besten, Sie melden sich morgen noch einmal bei mir.“
Sie dankte ihm und die Erleichterung stand ihr ins Gesicht geschrieben.
„Na, dann bis morgen“, verabschiedete sie sich lächelnd und ging.
Noch am selben Abend rief er sie an, erklärte ihr, welche Unterlagen sie noch bei ihm abgeben müsse. Zwei Tage benötigt sie, um alle Unterlagen für ihre Steuererklärung zusammenzutragen und bei ihm abzugeben. Als er dann am Abend des dritten Tages endlich ihre Steuererklärung fertig hatte, beschloss er, persönlich

bei ihr vorbeizukommen, um die Steuererklärung von ihr unterschreiben zu lassen.
Er fühlte sich ein wenig unwohl, als er schließlich vor ihrer Wohnungstür stand.
Er betätigte ein drittes Mal den Klingelknopf und wollte schon gehen, als die Tür einen Spalt geöffnet wurde und eine überraschte Magda Coord ihm entgegen blickte. Sie öffnete die Tür vollständig und ein erleichtertes Lächeln machte sich auf ihrem Gesicht breit. Sie bat ihn herein.
Für einen kurzen Moment stand er unschlüssig in der Diele, bevor er einen Ordner aus seiner Aktentasche hervorholte und ihm ihr überreichte.
„Darin können Sie Ihre Unterlagen einsortieren. Die ersten sind schon abgeheftet“, erklärte er.
Magda Coord nahm den Ordner dankbar entgegen und schaute sich um, als wisse sie nicht, wo sie ihn am besten ablegen könnte.
„Ich denke, wir finden im Arbeitszimmer sicher ein Plätzchen für ihn.“
Sie klopfte an eine Tür und als sie bemerkte, wie Paul fragend die Augenbrauen nach oben zog, erklärte sie ihm entschuldigend:
„Oh, mein Freund hat sich in diesem Zimmer eingenistet. Er ist letzte Woche zu Hause ausgezogen. Seine Eltern machen ihn wahnsinnig. Lassen ihn nie in Ruhe arbeiten.“
Die junge Frau klopfte erneut und als sich immer noch nichts hinter der Tür regte, öffnete sie die Tür und Paul Rickels folgte ihr ungefragt ins Zimmer.
„Sie müssen wissen, Ludo ist Schriftsteller und er arbeitet gerade an seinem ersten Roman.“
Als Paul sich im Raum umsah, konnte er den Anblick kaum ertragen. Der Boden war übersät mit zerknülltem Papier, Zeitschriften und aufgeschlagenen Büchern. Am Fenster entdeckte

er einen Schreibtisch, der quasi von unzähligen Papierstapeln begraben wurde.
Paul war schleierhaft, wie man in solch einer Unordnung leben, geschweige denn, arbeiten konnte. Das Chaos in diesem Raum, in dem keiner der Gegenstände an seinem angestammten Platz zu stehen schien, nahm ihm fast den Atem und verursachte in seiner Brust ein beklemmendes Gefühl.
Aus einer Ecke des Raumes vernahm er ein Geräusch und als er hinter die offene Tür schaute, sah er einen jungen Mann, der sich verschlafen von einem Sofa erhob.
„Das nennst du Arbeiten?“ Liebevoll stupste sie ihren Freund gegen die Schulter.
„So wird aus dir aber kein erfolgreicher Autor!“
Der junge Mann fuhr sich mit der Hand durch sein schwarz gelocktes Haar und gähnte ausgiebig, ohne sich die Hand vor den Mund zu halten.
Paul schätzte den Mann auf Mitte zwanzig. Etwa genauso alt wie Magda Coord.
Die junge Frau schaute zum überfüllten Bücherregal und erklärte: „Da ist sicher noch ein Plätzchen für Ihren Ordner.“
Paul beobachtet sie dabei, wie sie ein paar Bücher vom Regal nahm und den Ordner zwischen zwei dicke Romane schob.
Er kam sich plötzlich wie ein Eindringling in eine Welt vor, die ihm fremd war und in der er nichts zu suchen hatte. Von einer inneren Unruhe befallen, wendete er sich ab, flüsterte eine halbherzigen Abschied und ging zielstrebig zur Wohnungstür. Noch im Gehen fragt er sich, wie Magda es nur zulassen konnte, dass sich dieser Nichtsnutz in ihrer Wohnung breit machte.

*

Das alles war schon mehr als 30 Jahre her.
Paul bog in seine Straße ein. Von weitem sah er sein Haus mit der frisch geschnittenen Hecke und bemerkte, dass Magda vergessen hatte, das Tor der Garage zu schließen, in der ihr alter Opel Olympia stand.
Paul Rickels mochte das Auto nicht. Der Oldtimer aus dem Jahr 1951 war das Einzige, was Magda von ihren Eltern geerbt hatte.
Er kramte in seiner Hose nach dem Haustürschlüssel. Als er die Tür öffnete und ins Haus trat, wo ihn eine ungewohnte Stille empfing, schweiften seine Gedanken erneut ab.

*

Genau elf Monate, zwei Wochen und ein Tag vergingen, bis er Magda Coord wiedersah. Wie im Jahr zuvor, bei ihrem ersten Zusammentreffen, klopfte sie vorsichtig an die Tür, trat lächelnd an seinen Schreibtisch heran und legte ihm die unsortierten Unterlagen für ihre Steuererklärung auf den Tisch.
„Wie geht es Ihrem Ordner?“, begrüßte er sie mit strenger Miene.
Sie erklärte ihm, dass er wohl irgendwo im ehemaligen Arbeitszimmer ihres Ex- Freundes liegen müsste oder Ludo ihn aus Versehen mitgenommen habe, als er ausgezogen ist.
Paul Rickels sah sie direkt an, eine Frage auf den Lippen, die sie schneller erriet, als er sie aussprechen konnte.
„Er wollte die Welt sehen, neue Eindrücke sammeln, um sie in seinen ersten Roman einfließen zu lassen“, sagte sie und hob gleichgültig die Schultern.
Paul hackte nicht weiter nach. Stattdessen blätterte er ohne bei der Sache zu sein, ziellos ihre Unterlagen durch und erwähnte plötzlich, als bezieht sich das Gesagte auf ihre Angelegenheit:

„Wenn Sie Interesse hätten, könnte Ihr Ordner bei mir einen Platz finden."
Ein halbes Jahr später, stand Magda neben ihm in seinem Haus und blickte zufrieden Paul Rickels, der den neuen Ordner mit ihren Unterlagen auf ein Regalbrett stellte und auf den goldenen Ehering, der an ihrer rechten Hand glänzt.

*

Paul erinnerte sich noch genau an diesen Moment und dem befriedigende Gefühl, Magdas Leben Ordnung und Struktur zu geben.
Er ging in die Küche. Die Erinnerungen, die von ihm Besitz ergriffen hatten, ließen in ihm ein bitteres Lachen aufsteigen.
Er schenkte sich ein Glas Wasser ein, setzte sich an den Küchentisch und wartete auf Magdas Rückkehr.

*

Als die Haustür ins Schloss fiel, schreckte Paul auf. Magda kam zurück. Er hatte gerade überlegt, ob es klug sei, sie zur Rede zu stellen. Doch er war sich nicht sicher, ob er die richtigen Worte finden würde, wenn er ihr zu erklären versuchte, dass sie einen Fehler machte, wenn sie sich erneut auf Ludo Otten einließ. Hatte sie denn aus der Vergangenheit nichts gelernt?
Doch als Magda gehetzt die Küche betrat und ein Netz mit Einkäufen neben der Spüle abstellte erklärte sie atemlos:
„Es tut mir leid! Ich weiß, ich bin zu spät." Da beschloss er, fürs Erste zu schweigen.
Er sah ihr zu, wie sie das mittlerweile aufgetaute Schnitzel zurück in den Kühlschrank stellte, aus dem Netz ein paar Kartoffeln holte und vier Eier neben den Herd legte.

Dann holte sie aus den Schränken ein Brett und ein Messer hervor und legte es vor ihm hin.
„Du kannst dir auch selbst ein Brot schmieren, wenn du schon Hunger hast.“ Sie wandte ihm den Rücken zu und begann, die Kartoffeln zu schälen. „Eine halbe Stunde wirst du dich noch gedulden müssen.“, hörte er sie sagen.
„Ich warte“, antwortete er und wunderte sich mit einem Blick auf die Uhr, dass es ihr nichts auszumachen schien, eine Stunde später als gewohnt, das Essen vorzubereiten.
Ohne sich zu rühren, schaute er ihr eine Weile bei der Arbeit zu. Dann brach er die Stille.
„Die Lilien bräuchten auch mal wieder Wasser“, sagte er im Ton eines trotzigen Kindes.
Magda drehte sich zu ihm um, das Küchenmesser in der Hand haltend und schaute ihn mit zusammengekniffenen Augen an. Dann richtete sich ihr Blick auf die Pflanze auf dem Fensterbrett. Sie legte das Messer hin, füllte ein Glas mit Wasser und stellte es ihm direkt vor die Nase.
„Na dann, gib der Pflanze etwas zu trinken. Du siehst ja, ich habe gerade zu tun.“
Paul schaute auf das Wasserglas, als sähe er es zum ersten Mal. Mit dieser, ihm fremden Reaktion, hatte er nicht gerechnet.
Er war verwirrt. Ihre Antwort und ihr Verhalten machten ihm klar, dass es Zeit war, zu handeln.
Nur Ludo Otten war es zuzuschreiben, dass seine Frau sich plötzlich dermaßen aufbrausend ihm gegenüber benahm.
Er hatte ihr diesen rebellischen Floh ins Ohr gesetzt, der seiner Meinung nach nicht zu ihr, seiner Magda, passte.
Dieser Ludo Otten, drängte sich in ihr Leben. Dieser ungehobelte, chaotische Schreiberling. Hatte er überhaupt je etwas veröffentlicht?

Er musste diese Farce noch im Keim ersticken, bevor es Magda soweit aus der Bahn warf, dass sie ihre Pflichten als Ehefrau zu vernachlässigen begann.

*

Eine Woche lang grübelte Paul Rickels darüber nach, wie er Magda wieder zur Vernunft bringen konnte.
Auch wenn sie in den letzten Tagen stets pünktlich nach Hause kam und ihm um zwölf Uhr das Essen auf den Tisch stellte, wusste er, dass sie sich noch immer mit Ludo Otten traf.
Es war ein Geheimnis zwischen ihnen, worüber weder er noch Magda ein Wort verlor und er war ihr dankbar, dass sie ihn nicht offen belog. Sie hätte behaupten können, dass sie mit einer Freundin zu einer Vorstellung ins **Männecken- Theater** gehe oder sich an der **Paddelstation in Augustfehn** traf, um eine Kanutour durchs Apener Tief zu machen. Stattdessen sagte sie nur jeden Morgen, dass sie in den Ort gehe und Paul fragte nicht weiter nach.
Im Ort war bereits bekannt geworden, dass Ludo Otten nach dem Tod seiner Eltern deren Haus in der Südgeorgsfehner Straße geerbt hatte. Paul hoffte, dass Magda und Ludo diskret mit ihrem Verhältnis umgingen. Bis jetzt hatte ihn jedenfalls noch kein wohlmeinender Nachbar darauf angesprochen und Paul war froh darüber.

Die ausschlaggebende Idee kam ihm eines Nachts, als er sich im Bett neben Magda schlaflos hin und her wälzte.
Er drehte sich zur Seite und betrachtete sie, die friedlich schlief und sicher von Ludo Otten träumte.
Ihm ging durch den Kopf, dass die Frau, mit der er so lange zusammenlebte, im Begriff war, sich in eine ihm völlig fremde Per-

son zu verwandeln. Wie gut kannte er seine Frau wirklich? Doch nicht nur sie, sondern auch er selbst, schien einen dunklen Winkel in seinem Herzen zu haben.
Angesichts dieser Erkenntnis schlug er die Bettdecke zurück, stieg leise aus dem Bett und schlich ins Bad.

*

Für seinen nächtlichen Ausflug hatte Paul ein weißes Hemd gewählt, dazu eine bordeauxrote Krawatte und einen schwarzen Anzug, der gut zur mitternächtlichen Stunde passte. Zum Schluss steckte er sich ein bordeauxrotes Einstecktuch in die Tasche seines Jacketts. Gegen die Kälte warf er sich einen dunkelgrauen Mantel über und nahm schwarze Lederhandschuhe aus der Schublade.
Es war eine sternenklare Nacht, in die er hinaustrat. Die Lichter hinter den Fenstern der Nachbarhäuser waren längst erloschen. Nur die Straßenlaternen spendeten ihm auf seinem Weg ein schwaches Licht.
Als er am Haus in der Südgeorgsfehner Straße ankam und an der Haustür klingelte, musste er einen Moment warten, bis im ersten Stock ein Licht hinter einem der beiden Fenster anging. Er glaubte schon, Otten würde das Fenster öffnen, seinen Oberkörper hinaus beugen und fragen, wer es wage, so spät zu klingeln. Doch das Fenster blieb geschlossen. Stattdessen hörte Paul ein schlurfendes Geräusch, das sich der Haustür näherte.
Als nach einer Weile die Tür geöffnet wurde, stand Ludo Otten vor ihm. Er hatte sich einen dunkelbraunen Morgenmantel über seinen blau- gestreiften Schlafanzug gezogen.
Otten schien wenig überrascht zu sein, Paul Rickels vor sich stehen zu sehen.

„Kommen Sie herein“, sagte er zu seinen späten Gast und trat zur Seite. Nicht vorbereitet auf diese Reaktion kam Paul der Aufforderung nach, bemüht, nicht die Fassung zu verlieren. Paul folgte Ludo Otten ins Wohnzimmer und wartete, bis dieser eine Stehlampe neben dem Sofa anknipste.

Unschlüssig standen sich beide im Raum gegenüber. Paul schaute sich um. Er sah den Kamin, in dem ein halb verkohltes Stück Holz lag, ließ seinen Blick über ein Bücherregal schweifen, das eine ganze Wand einnahm und kehrte am Ende wieder zu Ludo Ottens Gesicht zurück.

„Möchten Sie vielleicht einen Kaffee oder einen Tee?“

Paul schwieg noch immer. Was hatte er sich nur dabei gedacht, sich so planlos auf den Weg zu diesem Haus zu machen? Einzig das Gefühl, dass Ludo Otten der Grund war, warum Magdas und damit sein geordnetes Leben aus der Spur geriet, hatten ihn hierher geführt. Doch wie er alles wieder ins Lot bringen konnte, davon hatte er keine Ahnung. Ein Zustand der ihn hilflos und wütend zugleich machte.

„Ich habe auch einen Wein, wenn Sie wollen. Dazu müsste ich nur schnell in den Keller gehen“, hörte Paul Rickels seinen Gastgeber sagen. Paul nickte.

Ludo Otten band sich den Morgenmantel fester um seinen Körper und öffnete die Kellertür.

Er schaltete das Licht ein und war im Begriff die Treppe hinab zu steigen.

Plötzlich stand Paul hinter Ludo Otten. Einem plötzlichen Impuls folgend, stieß er ihn, ohne zu zögern, mit beiden Händen die Treppe hinunter. Er hörte ein dumpfes Geräusch, als fiele ein Sack Kartoffeln die Kellertreppe hinunter. Erst als es still war, schaute er nach unten, doch er konnte nichts sehen.

Vorsichtig ging Paul ein paar Stufen hinab und kurz darauf sah er Ludo Ottens Körper am Ende der Treppe auf dem Betonboden liegen.
Paul stieg über den leblosen Körper hinweg und betrachtete ihn. Er überprüfte, ob Ludo Otten tot oder nur bewusstlos war. Tot wäre die beste Lösung, dachte er bei sich. Kaum hatte er den Gedanken beendet, stöhnte Ludo Otten auf, hob den rechten Arm und fasste sich an den Hinterkopf. Als sich die Blicke der beiden Männer trafen, jammerte Ludo Otten mit zittriger Stimme:
„Sind Sie verrückt geworden? Wollen Sie mich umbringen?"
Ohne lange zu überlegen nahm Paul eines der unzähligen Einweckgläser von einem verstaubten, windschiefen Holzregal und schlug es Ludo Otten auf den Kopf.
Ludo Otten, der sich gerade mühsam vom Boden erheben wollte, sackte erneut auf den kalten Betonboden. Er versuchte noch den Schlag abzuwehren, doch seine Bemühung war vergeblich.
Paul Rickels nahm wie ein Fließbandarbeiter ein Glas nach dem anderen aus dem Regal und zielte, ohne lange zu überlegen auf den Kopf des am Boden liegenden. Manche Gläser blieben unversehrt, andere zersprangen und eingelegte Sauerkirschen und Mirabellen verteilten sich auf dem Kellerboden.
Nach dem siebzehnten Glas hielt Paul endlich inne. Was war in ihn gefahren? Wozu hatte er sich hinreißen lassen?
Er stieg erneut über den Körper seines Gastgebers und ging nach oben ins Wohnzimmer.
Es schien ihm absurd, als er wahllos Gegenstände aus den Regalen und vom Kaminsims auf den Boden warf. Kam sich idiotisch vor, als er einen Sessel umschubste, die Schubläden eines Sekretärs herauszog und den Inhalt wild im Raum verstreute.
Eine halbe Stunde später verließ er das Haus und ließ die Haustür angelehnt.

Als er auf der Straße stand und zum Haus von Ludo Otten zurückblickte, bemerkte er seine zitternden Hände. In seinem Magen machte sich ein Gefühl breit, als müsse er sich jeden Augenblick übergeben. Er entfernte sich schnellen Schrittes vom Haus und begab sich auf den Heimweg. Obwohl er sich so unendlich elend fühlte, war er sich tief in seinem Inneren sicher, dass er das Richtige getan hatte.

*

Magda schien von seinem nächtlichen Ausflug nichts mitbekommen zu haben. Am Morgen hatten sie wie immer pünktlich um sechs Uhr am Frühstückstisch gesessen. Sie goss ihm Kaffee ein und anschließend reichten sie sich wortlos die Butter, den Käse, die Brötchen und die Konfitüre.
Nach dem Frühstück erledigte Magda den Abwasch und Paul vertiefte sich in die Nordwestzeitung.
Wenig später zog Magda sich eine Jacke über, nahm ihre Einkaufstasche und erklärte, dass sie nun in den Ort ginge und pünktlich gegen elf Uhr wieder zurück sein würde.
Paul hatte nur genickt. Kurz darauf hörte er das Motorengeräusch des alten Opels, mit dem sie heute wegfuhr.
Paul machte sich ebenfalls bereit, das Haus zu verlassen.
Er ging nach oben ins Schlafzimmer und entschied sich für ein schwarzes Seidenhemd, eine schwarze Krawatte, einen schwarzen Anzug und glänzende schwarze Lacklederschuhe. Einzig das weiße Einstecktuch bildete einen kleinen farblichen Kontrast.
Er befand, es sei die passende Kleidung für diesen Tag.
Wenig später verließ er ebenfalls das Haus. Er hatte es nicht eilig, denn er glaubte zu wissen, wohin Magda an diesem Morgen gefahren war.

*

Paul bog in die Südgeorgsfehner Straße ein und sah schon von Weitem einen Krankenwagen und ein Polizeifahrzeug vor Ludo Ottens Haus stehen. Auf dem Fußweg, vorm Haus und vor dem Baumarkt auf der anderen Straßenseite, hatte sich eine Traube Schaulustiger gebildet. Die Polizei versuchte, mit einem Absperrband die gaffende Menschenmenge vom Ort des Geschehens fernzuhalten.

Als Paul auf der Höhe eines Supermarkts angelangt war, sah er nicht nur den alten Opel auf dem Parkplatz stehen, sondern erkannte in der Menschenmenge auch Magda. Sie stand etwas abseits, schien sich nach etwas zu bücken und als sie sich wieder erhob, kam eine junge Polizistin auf sie zu. Es sah aus, als fragte sie Magda etwas. Die junge Polizistin zeigte auf Ludo Ottens Haus und sagte etwas, doch kurz darauf unterbrach ein älterer Beamter die beiden Frauen. Die junge Polizistin schien Magda wohl Auskünfte gegeben zu haben, über die sie lieber hätte schweigen sollen.

Paul Rickels schob sich durch die Menge, näherte sich Magda und berührte sie ganz sanft an der Schulter.

„Was machst du hier?“, fragte er mit ruhiger Stimme und zog sie mit sich fort.

„Hier ist eingebrochen worden. Und eine Polizistin hat mir erzählt, dass der Einbrecher den Bewohner tödlich verletzt hat“, erklärte Magda mit erstickter Stimme.

„Wie grauenhaft. Du solltest dich nicht an solch einem Ort aufhalten. Lass uns nach Hause fahren.“ Er wies auf den Parkplatz vor dem Supermarkt.

„Du bist mit dem Opel da?“

Magda nickte, schien verwirrt und schaute ihn ungläubig an.

„Ich wollte einkaufen, als ich die Polizei und den Krankenwagen mit Sirene ankommen sah."
„Nun komm, wir fahren nach Hause."
Ihm schien, als zögerte Magda. Doch sie drehte sich nicht noch einmal zu dem Haus um. Sie setzte sich ans Steuer. Paul griff automatisch über seine rechte Schulter, doch der alte Wagen hatte keinen Gurt. Er hoffte, dass Magda langsam fuhr und sie beide nicht unnötig in Gefahr brachte.
Magda fuhr vom Parkplatz und schaute stur geradeaus. Sie schien sich auf den Straßenverkehr zu konzentrieren. Nach einer Weile brach Magda das Schweigen.
„Du hast von Ludo und mir gewusst. Bist du deshalb letzte Nacht bei ihm eingebrochen und hast ihn umgebracht?"
„Ja, ich habe von euch gewusst", entgegnete Paul.
Madga kramte in ihrer Jackentasche und blickte weiter nach vorn. Dann schmiss sie ihm ein bordeauxrotes Einstecktuch auf den Schoß.
„Du warst da. Oder willst du das etwa abstreiten?" Magda holte tief Luft. „Was bist du nur für ein Mensch?"
„Ich streite nicht ab, dort gewesen zu sein! Er hat mir die Tür aufgemacht, ich bin nicht eingebrochen. Er hat dir nicht gut getan. Er hat dich aus der Bahn geworfen, dafür gesorgt, dass du deine Pflichten vernachlässigst. Ich musste handeln."
„Meine Pflichten vernachlässigt…? Oh. Du meinst, meine Pflichten als Hausfrau? Natürlich, mehr war ich ja nie für dich. Eine bezahlte Putzfrau hätte es auch getan. Aber dafür bist du ja zu geizig."
„Du bist im Moment aufgebracht, das verstehe ich. Glaub mir, das wird sich wieder legen."
„Sag mal, ist dir überhaupt klar, dass du einen Menschen getötet hast? Den Mann, den ich liebe? Jawohl, liebe!"

Magda versuchte sich zu beruhigen. Sie atmete tief durch und erklärte mit fester Stimme:
„Ludo ist ein erfolgreicher Schriftsteller geworden. Er hat mir von seinem Leben erzählt, von den Ländern, die er bereist hat, den Menschen, die er kennengelernt hat. Wir sind nie irgendwohin gefahren. In den ganzen dreißig Jahren nicht. Ludo hat mir die Augen geöffnet und ich habe begriffen, wie du mich absichtlich klein gehalten hast. Das es dir nie wirklich um mich oder um uns ging."
Magda bremste abrupt ab, ließ zwei Schulkinder über die Straße gehen und fuhr mit quietschenden Reifen an.
„Ich hatte vor, dich zu verlassen. Wollte mich scheiden lassen und...."
Paul fiel ihr ins Wort.
„Und den Schwur brechen, den wir uns in der Kirche gegeben haben? Das würde ich nie zulassen. Meine Frau macht so etwas nicht."
„Genau da liegt das Problem. Ich bin nicht dein Besitz. Ich gehöre dir nicht. Aber das wirst du nie begreifen. Doch jetzt ist es auch egal. Du hast alles zerstört. Meine Chance auf ein neues Leben."
Magda sah ihn mit tiefer Verachtung an, was sich für Paul wie ein Schlag ins Gesicht anfühlte.
„Ich finde, du bist zu melodramatisch. Du hättest doch jederzeit etwas sagen können."
„Weil es nichts geändert hätte."
„Hättest du mich denn gehen lassen, wenn ich gewollt hätte?"
„Natürlich nicht. Du bist meine Frau, bis das der Tod uns scheidet."
Ihr Haus kam in Sichtweite. Paul steckte das Einstecktuch in seine Hosentasche und holte tief Luft.
„Ich denke, du machst uns gleich mal eine Tasse Kaffee, dann beruhigst du dich langsam wieder und in ein paar Tagen wirst du

selbst feststellen, dass mein Handeln nur zu unserem Besten war. Du wirst sehen, am Ende wird alles wieder wie früher."
Paul Rickels berührte ihre Schulter, doch Magda zuckte zurück. Er schaute sie von der Seite an. Paul bemerkte das leichte Beben ihres Kinns und die Tränen, die ihr die Wange hinunterliefen. Er versuchte sie wegzuwischen, als Magda plötzlich das Gaspedal durchtrat und er mit Wucht in den Sitz gedrückt wurde. Ohne die Geschwindigkeit zu verringern, rasten sie auf die Rückwand ihrer offen stehenden Garage zu.

Freizeittipps

○ RESTAURANT „DIE EISENHÜTTE"
Stahlwerkstraße 17 b, 26689 Augustfehn

Die „Eisenhütte" bietet Erlebnisgastronomie für jeden Geschmack. Das Ambiente strahlt Gemütlichkeit und einen Hauch von historischer Industriekultur aus.
Die Speisekarte reicht von einem ausgewogenen Frühstücksbuffet, über Salate und Pastagerichte bis hin zu Fleischgerichten und vielem mehr.
Es wird Wert darauf gelegt, dass saisonale Produkte von regionalen Erzeugern verwendet werden.
Das Restaurant bietet nicht nur eine kulinarische Vielfalt, sondern auch ein kulturelles Programm mit Ausstellungen, Musikveranstaltungen und vieles mehr.
Öffnungszeiten: Täglich ab 9:00 Uhr
Weitere Informationen unter: Tel. 04489 / 9428190

○ MÄNNEKEN THEATER

Hauptstraße 377, 26689 Apen - Hengstforde

An einer Häuserfassade in Hengstforde fallen Besuchern zwei rote Männchen zu beiden Seiten einer Tür auf.
Hinter der Eingangstür befindet sich seit über zwanzig Jahren das Männeken Theater.
Längst kein Geheimtipp mehr, sind die abwechslungsreichen Figurentheaterstücke von ANNE's BÜHNE und Gastbühnen.
Weitere Informationen unter: Tel.: 04489 / 3194

○ PADDEL UND PEDALSTATION – AUGUSTFEHN

Steges Helgen 17, 26689 Augustfehn (Apen)

In einem 1er und 2er Kajak oder in einem 3er, 4er und 10er Kanadier, besteht die Möglichkeit zu einer Bootsfahrt von Augustfehn bis Barßel.
Vom Augustfehner Kanal über das Apener Tief, geht es nach einer Stunde links in das Barßeler Tief. An der Paddel- und Pedalstation Barßel endet die Tour.
Dort stehen Fahrräder bereit, mit denen man auf einer 9 Kilometer langen Strecke wieder zum Ausgangspunkt zurückfährt.
Saison: von April bis Oktober
Weitere Informationen unter: Tel.: 04499/ 926612

In jener Nacht

Arne saß hinterm Steuer seines schwarzen Audi 100.
Er achtete nicht auf die Landschaft, die an ihm vorbeizog und als er das „*Willkommen im Ammerland*" - Schild passierte, spürte er, wie sich sein Magen zusammenzog.
Ein mulmiges Gefühl machte sich in ihm breit, je näher er der Ortschaft Apen kam. Dem Ort, in dem er mit seinem Bruder auf dem elterlichen Bauernhof seine Kindheit und Jugend verbrachte Bis zu jenem Tag, an dem er ging, um nicht wieder zurück zu kommen.
Doch eine Verbindung hatte er in all den Jahren nie gekappt, nämlich jenes Band, das ihn mit seinem Bruder Klaas verband. Sie waren als Zwillinge zur Welt gekommen. Arne fünf Minuten früher als Klaas. Und so sehr sich ihre Lebenswege seit jener Nacht, vor zwölf Jahren, voneinander unterschieden, verband sie eine tiefe brüderliche Liebe. Er hatte Klaas zusammen mit ihrem Vater auf dem Hof zurückgelassen. Diesen Schritt hatte er nie bereut, auch wenn ihm klar war, dass Klaas, im Gegensatz zu ihm meinte, aus Loyalität dem Vater gegenüber, sich mit um die Bewirtschaftung des Hofes kümmern zu müssen.
Einmal im Jahr trafen sich die Brüder. Arne übernachtete dann für drei Tage in der **Hengstforder Mühle**. Er mochte den Landgasthof mit seinen im Landhausstil eingerichteten Zimmern.
Am letzten Tag seines Aufenthalts fuhr er stets in den **Naturgarten „Kräuterkörbchen"** und gönnte sich ein Wildkräuter-Frühstück. Den Abschluss seines „Heimaturlaubes" bildete ein kurzer Abstecher zum **Schinkenmuseum**, in dessen Geschäft er immer einen Ammerländer Schinken kaufte.
Arne bog in die Einfahrt zum Landgasthof ein und parkte seinen Wagen. Es war vierzehn Uhr. In gut zwei Stunden würde er sich

mit seinem Bruder im Außenbereich des Gasthofes, direkt an der alten Mühle, treffen.
Arne stieg aus dem Auto und ging zum Eingang des Gasthofes, um an der Rezeption den Schlüssel für sein reserviertes Zimmer abzuholen.
Als er wenig später das gemütliche Zimmer bezog, stellte er sich, wie jedes Mal ans Fenster und schaute in Richtung Aper Tief, einem kleinen Fluss unweit des Gasthofes.
Wann immer es früher die viele Arbeit auf dem Hof zugelassen hatte, war er mit seinem Bruder an dessen Ufer entlanggelaufen.
Als Arne seine Reisetasche ausgepackt und die Abendlektüre auf den Nachtschrank gelegt hatte, verließ er das Zimmer mit Vorfreude.
Erwartungsvoll rieb er sich auf dem Weg zur Außenterrasse die Hände und steuerte einen der freien Tische unter einem Sonnenschirm, direkt neben einer Hecke an.
Den ganzen Tag schon hatte er sich auf ein Krabbenbrot mit zwei Spiegeleiern, Schwarzbrot und Salat gefreut. Dazu ein erfrischendes Alster. Ohne zuvor in die Karte geschaut zu haben, gab er seine Bestellung bei der Bedienung auf.
Während er wartete, holte er sein Smartphone hervor.
Vom nahegelegenen **Freibad Hengstforde** schwappte immer wieder gedämpftes Kinderlachen mit dem Wind herüber.
Er schaute auf das Display und wunderte sich, dass sein Bruder schon dreimal versucht hatte, ihn zu erreichen. Allerdings hatte er keine Nachricht hinterlassen.
Hoffentlich war Klaas nichts dazwischen gekommen. Arne wusste zwar, dass man die Arbeit auf einem Bauernhof nicht einfach so liegenlassen konnte, hoffte aber trotzdem, dass Klaas wie vereinbart kam.

Gerade als Arne das Smartphone wieder zurück in die Hosentasche stecken wollte, klingelte es. Ehe er „Hallo Klaas!" sagen konnte, kam sein Bruder ihm zuvor.
„Hallo Bruderherz, bist du schon angekommen?"
„Ja. Ich sitze gerade bei Krabbenbrot und Alster und ruhe mich von der Fahrt aus."
„Wenn du nichts dagegen hast, mache ich mich gleich auf den Weg zu dir. Ich muss dir dringend etwas erzählen."
„Jetzt machst du mich aber neugierig"
„Kannst du dich noch an jene Nacht vor zwölf Jahren erinnern? Du sagtest etwas zu mir, dass ich damals nicht verstanden habe. Ich habe mich lange Zeit gefragt, wie du so denken konntest. Und neulich hatte ich etwas, was man wohl eine Eingebung nennt. Ich begriff endlich, warum du so dachtest, auch wenn ich deine Ansicht von einst bis heute nicht teile. Ich begriff, dass Vaters strenge Hand der Grund war, warum du mich mit ihm allein zurückgelassen hast.
Und heute morgen hatte ich die Lösung!"
„Wie meinst du das?", fragte Arne.
„Das erzähle ich dir unter vier Augen. Also, bis gleich."

Arne wusste nicht, was er von diesem Anruf halten sollte. Er freute sich, seinen Bruder wiederzusehen, doch aus seinen Worten war er nicht schlau geworden.
Vielleicht lag die Antwort tatsächlich in jener Nacht, dem zweiten Weihnachtstag, vor zwölf Jahren.
Und während er sich ein Stück vom Krabbenbrot abschnitt, schweiften seine Gedanken ab und plötzlich war er wieder achtzehn Jahre alt. Er sah sich mit seinem Bruder am großen Tisch im Esszimmer bei einer Partie *SKIP-BO* sitzen, während der Vater nebenan im Wohnzimmersessel vor sich hin schnarchte.

*

Es war das erste Weihnachtsfest ohne ihre Mutter gewesen, die wenige Monate zuvor einem Krebsleiden erlegen war. Der Vater war nach ihrem Tod noch härter gegenüber seinen Söhnen geworden. Es gab kaum etwas, das die Beiden ihm recht machen konnten. Nicht selten hallte sein Gebrüll durchs elterliche Haus. Klaas hatte die Wutanfälle des Vaters mit stoischer Gelassenheit ertragen und Arne gegenüber zu erklären versucht, dass das Verhalten ihres Vaters seine Art war, mit dem Tod ihrer Mutter klarzukommen.
Doch Arne sah das anders. Er hatte die Nase schon lange voll. Zu viel war in den vergangenen Jahren geschehen. Er pfiff darauf, als ältester Sohn eines Tages den Hof zu übernehmen.

So saß Arne an jenem zweiten Weihnachtsabend seinem Bruder gegenüber und hatte Mühe, sich auf das Spiel zu konzentrieren. Sie hatten auf einen Weihnachtsbaum und Geschenke verzichtet. Statt eines Gänsebratens, den nur ihre Mutter so köstlich zubereiten konnte, hatten sie sich drei Pizzen kommen lassen. Doch die Brüder hatten keinen rechten Hunger gehabt und so lag neben jedem von ihnen ein fettiger Pappkarton mit jeweils einer halben Pizza darin.
Arne wusste bereits, dass es der letzte gemeinsame Abend mit seinem Bruder sein würde.
Immer wieder hatte er in den letzten Tagen versucht, sich die richtigen Worte zurechtzulegen, um seinem Bruder zu erklären, dass er es nicht mehr länger aushielt. Doch kein Wort kam ihm über die Lippen.
Gegen Mitternacht beschlossen sie, dass es Zeit sei, ins Bett zu gehen.

Während Arne in sein Zimmer ging, weckte Klaas den Vater und erklärte ihm, dass Weihnachten vorbei sei.
Arne holte seinen gepackten Rucksack unter dem Bett hervor. Er hatte sich in den letzten zwei Tagen heimlich auf seinen Auszug vorbereitet. Noch immer war er unentschlossen, ob er sich heimlich aus dem Haus schleichen oder sich bei seinem Bruder in aller Form verabschieden sollte.
Arne ging zum Fenster, öffnete es und sog tief die kalte Winterluft ein. Die Erfrischung tat ihm gut. Es hatte zu schneien begonnen. Schnell legte sich eine dünne Schicht Schnee wie Puderzucker auf die Pflastersteine des Hofes.
Alles sah so friedlich aus. Er schloss das Fenster und genoss einen Moment die Ruhe, die ihn umfing. Es schien der richtige Moment zu sein, um still Abschied zu nehmen und zu gehen.
Als er sein Zimmer verließ und wenig später die Haustür öffnete, schrak er plötzlich zusammen. Aus dem Dunklen des Flurs kam eine Gestalt auf ihn zu. Es war sein Vater, der ihm den Weg nach draußen zu verstellen versuchte.
„Was hast du vor?“, fragte er.
„Ich gehe. Verlasse den Hof“, antwortete Arne mit klopfendem Herzen. Er wollte sich nicht von seinem Vater einschüchtern lassen.
„Das habe ich mir schon gedacht. Der Rucksack unter deinem Bett“, hörte er ihn sagen und wunderte sich nicht darüber, dass sein Vater in seinem Zimmer herumspioniert hatte.
„Wenn du jetzt gehst, bist du nicht mehr mein Sohn“, brüllte er ihn wütend an, als könne er ihn dadurch am Gehen hindern.
Arne trafen die Worte des Vaters bis tief ins Mark, doch er hatte nicht vor, klein beizugeben.
„Dann soll es so sein“, antwortete Arne, der all seinen Mut zusammen nahm, den Vater beiseite schob und hinaus auf den verschneiten Hof trat.

Er drehte sich nicht noch einmal um, sondern ging mit zügigen Schritten auf das Hoftor zu und öffnete es.
„Arne! Arne, warte!“, hörte er plötzlich Klaas‘ Stimme. Erneut zuckte er zusammen. Wie sehr hatte er sich gewünscht, dieser Situation aus dem Weg gehen zu können.
Außer Atem erreichte Klaas seinen Bruder.
„Wo willst du hin? Willst du einfach so abhauen?“
„Ich denke, es ist besser so“, rang sich Arne eine Antwort ab.
„Du willst mich mit Vater hier allein zurücklassen?“
„Komm mit!“
„Wohin denn?“
„Weiß ich noch nicht. Hauptsache weg von hier!“
„Ich kann Vater doch nicht alleine lassen.“
Arne holte tief Luft.
„Du könntest, wenn du wolltest. Du weißt, dass du ihm gegenüber zu nichts verpflichtest bist.“
Klaas schüttelte den Kopf, drehte sich kurz um, doch vom Vater war nichts zu sehen.
„Aber was soll dann aus ihm werden? Aus ihm und dem Hof?“
„Das ist nicht unsere Sache. Jeder ist für sein eigenes Leben verantwortlich.“
Klaas rümpfte die Nase.
„Meinst du nicht, dass diese Einstellung ziemlich egoistisch ist?“
„Mag sein. Aber ist es nicht auch egoistisch von unseren Eltern, dass sie ganz selbstverständlich davon ausgehen, dass wir unser Leben nach ihnen ausrichten?“
Klaas stemmte seine Hände in die Seiten.
„Mutter hätte es nicht gut gefunden, dass du uns bei Nacht und Nebel verlässt.“
„Das kannst du nicht wissen. Mutter ist tot!“

Arne bereute diese Worte augenblicklich, da er wusste, dass sie Klaas hart trafen. Er sah, wie sein Bruder mit den Tränen rang und es tat ihm leid, doch er konnte die Worte nicht zurücknehmen.
„Aber sie hat uns geboren!“, schrie Klaas verzweifelt.
„Ja, das stimmt. Versteh mich nicht falsch. Ich habe unsere Mutter geliebt, sonst wäre ich vielleicht schon eher fortgegangen. Aber wir haben sie nicht darum gebeten. Es war ganz alleine die Entscheidung unserer Eltern, zwei Kinder in die Welt zu setzen. Deshalb sind wir noch lange nicht ihr persönliches Eigentum!“
„Warum gehst du mit ihnen nur so hart ins Gericht?“
„Weil es die Wahrheit ist. Wir beide haben das Recht auf ein eigenes, selbstbestimmtes Leben. Und gerade die Eltern sollten ihre Kinder nicht davon abhalten, ihr eigenes Leben zu leben. Anstatt sich von ihren Kindern abzuwenden, sollten sie stolz sein und sie unterstützen.“
Arne schaute seinen Bruder erwartungsvoll an. Doch da war nur Unverständnis in seinen Augen. Trotzdem sagte er:
„Komm mit. Du bist ihm nichts schuldig. Alles was sie angeblich für uns getan haben, haben sie in Wirklichkeit für sich getan. Fall nicht auf die emotionalen Erpressungen herein. Damit versuchen Eltern doch nur, den Kindern ein schlechtes Gewissen in die Seele zu pflanzen.“
Arne legte seine Hand auf Klaas‘ Schulter, schaute ihm in die Augen und erklärte mit ruhiger Stimme:
„Außerdem bin ich für das Leben als Landwirt nicht geboren. Ich habe keine Lust auf dem Feld zu arbeiten, Kühe zu melken und Hühner zu füttern.“
Arne machte eine kleine Pause, bevor er ein letztes Mal fragte:
„Kommst du mit mir oder willst du hier versauern?“
Klaas hob resigniert die Schultern und Arne wurde klar, dass sein Bruder nie ein anderes Leben in Erwägung ziehen würde.

Er war nicht überrascht, als Klaas leise sagte:
„Ich bleibe. Ich kann Vater nicht allein mit dem Hof und den Tieren zurücklassen, auch wenn er sich manchmal wie ein Idiot benimmt."
Arne nickte. Er war nun erleichtert, dass er nicht einfach so gegangen war.
Sein Weggang bedeutete, dass sie sich länger nicht sehen würden und er war sehr froh, sich richtig von Klaas verabschieden zu können.
Arne umarmte seinen Bruder und flüsterte ihm ins Ohr:
„Also gut, Bruderherz, dann wünsche ich dir viel Glück und halt die Ohren steif. Ich melde mich, wenn ich irgendwo Fuß gefasst habe."
Arne löste sich aus der Umarmung, dann hob er zum Abschied noch einmal die Hand.
„Wir sehen uns!"
„Ja, bis dahin."
Arne ging durchs Hoftor, ohne es hinter sich zu schließen und ohne sich noch einmal umzudrehen.

*

Die Stimme der Bedienung riss Arne aus seinen Gedanken.
„Ist bei Ihnen noch alles in Ordnung oder kann ich Ihnen noch etwas bringen?"
In selben Augenblick sah er seinen Bruder, der ihm von Weitem zuwinkte.
„Ja, das Essen war sehr lecker. Ich hätte gern noch zwei Alster", antwortete er und winkte in Richtung seines Bruders.
Als Klaas den Tisch erreichte, stand Arne auf und umarmte ihn herzlich. Dann setzten sie sich an den Tisch.

Klaas trug eine braune Cordhose und ein kurzärmliges blaukariertes Hemd. Arne fand, dass die Kleidung seinen Bruder einige Jahre älter machte.
„Ich habe dich mit meinem Anruf sicher verwirrt. Tut mir leid."
Die Bedienung kam zurück und stellte die Getränke vor ihnen ab.
„Schlau bin ich aus deinen Worten nicht geworden. Was ist los?", fragte Arne und prostete seinem Bruder zu.
Sie tranken einen Schluck und als Klaas sein Glas vor sich abstellte, fragte er: „Kannst du dich noch an jenen Abend erinnern, als du uns verlassen hast?"
Arne nickte, ohne seinem Bruder zu sagen, dass er seit seinem Anruf an nichts anderes gedacht hatte.
„Als du mir damals all das sagtest, von wegen Eltern und ihre Kinder, emotionale Erpressung und so, verstand ich dich nicht. Ich habe oft darüber nachgedacht, gerade im letzten Jahr, als es mit Vaters Gesundheit bergab ging und immer mehr Arbeit auf dem Hof an mir hängen blieb.
Und vor ein paar Tagen ist es mir dann plötzlich klar geworden. Nicht das, was du gesagt hattest, schien mir die Ursache für deinen Weggang gewesen zu sein. Ich fragte mich stattdessen, weshalb du so gedacht hast und da ging mir ein Licht auf."
Arne schaute Klaas fragend an. Noch immer begriff er nicht, auf was Klaas hinaus wollte.
„Erinnerst du dich noch, wie Vater dich immer in den Heizungskeller gesperrt hat, wenn er der Meinung war, dass du ihm nicht gehorchen wolltest?"
Arne horchte auf. Wie kam er jetzt auf diese alte Geschichte? Natürlich konnte er sich daran erinnern. Sein Vater hatte ihn nicht nur einmal im Heizungskeller eingeschlossen. Er war zu klein gewesen, um an den Lichtschalter zu gelangen und so verbrachte er oft bis zu einer Stunde in der Dunkelheit. Das Rumpeln der

Heizung hatte ihm Angst eingejagt. In seiner kindlichen Naivität hatte er geglaubt, dass die Geräusche von den bösen Wesen kamen, die ständig von Innen an den Kessel klopften, weil sie heraus wollten.

Wie all die anderen Bestrafungen seines Vaters hatte seine Mutter sie nicht gut geheißen, doch sie hatte es nicht gewagt in die Erziehungsmethoden ihres Mannes einzugreifen. Viel zu oft hatte er bei ihrem geringsten Einwand die Wut an ihr ausgelassen.

„Ja, ich erinnere mich. So etwas vergisst man nicht."

„Gestern morgen stellte ich mir vor, wie es sein würde, wenn ich den Alten auch mal in den Heizungskeller einsperren und ihm die Hände hinter den Rücken binden würde. Ich hatte schon den CD- Player und eine Heavymetal- CD rausgekramt. Ich stellte mir vor, wie ich ihn ein paar Stunden damit beschallen würde, ohne das er etwas dagegen tun könne. Sozusagen als Rache für seine Bestrafung an seinem Sohn."

Klaas grinste und trank einen Schluck von seinem Alster.

Arne nahm einen leichten Stallgeruch wahr. Klaas musste direkt aus dem Kuhstall hierher gekommen sein.

Als Klaas sich den Schaum vom Mund abwischte, fielen Arne die Adern auf, die sich wie kleine Deiche über Klaas Handrücken zogen. Er sah die dunklen Schatten unter seinen Augen, die wohl von zu wenig Schlaf herrührten.

Plötzlich stellte sich Arne vor, wie sein Bruder in ein paar Jahren aussehen würde. Auch wenn er seinen Vater lange nicht mehr gesehen hatte, glaubte er, dass Klaas ihm immer ähnlicher wurde.

Die Stimme seines Bruder riss ihn aus seinen Gedanken.

„Ich habe letztendlich von dieser Idee abgelassen, denn mir fiel ein, wie er dir mal damit gedroht hatte, deine Hand zwischen einen Schraubstock zu klemmen, wenn du noch einmal eines von seinen Werkzeugen ungefragt benutzen würdest."

Arne konnte sich daran nicht mehr erinnern. Dennoch fragte er sich, worauf sein Bruder hinaus wollte.
„Ich weiß, er hat es nie getan, aber ich stellte mir gestern vor, wie es sein würde, wenn ich eine Hand vom Vater nehmen und sie mit dem Schraubstock zerquetschen würde. Nur damit ihm mal bewusst würde, was für einen Schmerz er dir angedroht hatte."
Arne unterbrach seinen Bruder.
„Klaas, was willst du mir eigentlich mit all den Schauergeschichten sagen?"
Klaas schaute Arne eindringlich an.
„Heute Morgen habe ich an ihm Rache genommen. Ich habe es ihm mit gleicher Münze heimgezahlt. All die Strafen, die du über dich ergehen lassen musstest, waren der Grund, warum du mich damals alleine auf dem Hof zurückgelassen hast. Wenn er dir das alles nicht angetan hätte, dann wärst du geblieben und wir hätten zusammen den Hof bewirtschaftet. Dann säße ich heute nicht hier bei unserem heimlichen Treffen. Dann wäre ich nicht so ausgelaugt, wie ich es bin. Glaubst du, ich habe nicht bemerkt, wie du mich gerade gemustert hast. Ja, ich sehe schrecklich aus. Jeden Morgen stehe ich mit schmerzenden Gliedern auf. Der wenige Schlaf nagt an meiner Gesundheit. Doch damit ist ab heute Schluss."
Klaas trank das Glas vor sich in einem Zug leer.
„Klaas was redest du da?"
„Erinnerst du dich noch an Vaters Fischteich im Garten? An den Springbrunnen in der Mitte, der von großen Findlingen umgeben ist? Du musst dich erinnern, das war sein einziges Hobby. Der Springbrunnen und die Fische, für die er soviel Geld ausgegeben hatte, dass es uns nie möglich gewesen war, als Familie in den Urlaub zu fahren. Heute Morgen habe ich ihn zum Teich gelockt. Ich habe ihm erklärt, dass irgendetwas die Düse verstopft habe.

Und als er dann am Teichrand stand und die Hände in die Hüfte stemmte und dabei aussah wie ein alter mürrischer Gutsherr, habe ich nicht lange gezögert. Ich gab ihm einen Schubs und zog ihm gleichzeitig die Beine nach hinten weg. Wie ein Brett ist er in den Teich gefallen und sein Kopf schlug direkt auf einem der Findlinge auf." Klaas grinste zufrieden.

„Du hast was?"

Arne konnte nicht glauben, was ihm sein Bruder gerade erzählte. Klaas Gesichtsausdruck veränderte sich. Er schien beleidigt zu sein.

„Nun tu nicht so scheinheilig. Du weißt genauso gut wie ich, dass er es verdient hat. So liegt er nun an dem Ort, den er am liebsten hatte, lieber als unsere Mutter, dich und mich."

„Was hast du getan?"

„Ach Bruderherz. Jetzt tu doch nicht so geschockt. Wenn du ehrlich bist, hast du doch nicht nur einmal daran gedacht, wie es wäre, wenn der Alte tot ist."

„Mag sein, aber ich würde ihn nicht umbringen. Klaas, du bist von Sinnen. Hast du die Polizei informiert?"

„Noch nicht!", entgegnete Klaas. „Das hat Zeit. Er wird sich kaum von der Stelle rühren."

Arne schwirrten die Gedanken im Kopf herum. Klaas hatte ihren Vater umgebracht, geglaubt, ihn rächen zu müssen, für das, was er ihm, seinem Bruder, angetan hatte.

Wäre er doch damals nur mit ihm gekommen, ging es Arne durch den Kopf. Doch auch dieser Gedanke half ihm nicht weiter.

„Es war ein Unfall", erklärte Arne mit fester Stimme.

„Nein, ich habe ihn umgebracht. Er hat es verdient."

Arne schüttelte den Kopf.

„Was ist los mit dir? Warum beharrst du so darauf, dass du ihn umgebracht hast?", zischte ihm Arne mit zusammengepressten Zähnen entgegen.

„Weil mich dieser Gedanke glücklich macht“, entgegnete Klaas mit fester Stimme.
Arne fragte sich, ob Klaas verrückt geworden sei.
Er schaute sich nach der Bedienung um, wollte bezahlen und mit Klaas zurück auf den Hof fahren, den er seit Jahren nicht betreten hatte.
Wenig später beglich Arne die Rechnung. Gerade als er sich erheben wollte, sah er von Weitem einen Mann, der vom Fahrrad stieg und in ihre Richtung blickte.
Er traute seinen Augen nicht und war nun vollends verwirrt. Das konnte doch nicht sein.
„Klaas Evers, es wäre schön, wenn du dir nicht mit fremden Männern die Zeit vertrödeln würdest. Das Heu wendet sich nicht von alleine. Erhebe deinen Hintern und komm!“
Arne schaute abwechselnd zu Klaas und zu seinem Vater, der ganz sicher erkannt hatte, mit wem Klaas hier zusammen saß.
„Ich verstehe nicht…?“ Arne blieben die Worte im Hals stecken.
Klaas erhob sich und grinste ihn entschuldigend an.
„Tut mir leid, dass ich dir das alles erzählt habe, lieber Bruder. Aber man darf ja noch Träume haben…“
Fassungslos schaute Arne seinem Bruder nach, der ihm den Rücken zuwendete, zum Abschied die Hand in die Luft streckte und mit hängenden Schultern dem ungeduldig wartenden Vater entgegen ging.

NATURGARTEN „KRÄUTERKÖRBCHEN“

Gartenstraße 3, 26689 Apen

Der Naturgarten erstreckt sich auf einer Fläche von 3000 Quadratmetern. Hier kann der Besucher Wildkräuter entdecken, viel Wissenswertes über ihre Verwendung erfahren, kleine Kräuter-Snacks genießen oder einfach an einem ruhigen Ort die Seele baumeln lassen.
Der Eintritt in die Gartenanlage beträgt: 2 €
Außerdem bietet das „Kräuterkörbchen“ unterschiedliche Veranstaltung wie z.B.:
„Tea Time im Kräuterkörbchen“, „Wildkräuter-Frühstück“, „Hunde- und Gartentour“
Weitere Informationen unter: Tel.: 04489 / 4048303

SCHINKENMUSEUM

Hauptstraße 212, 26689 Apen

Im Jahre 1748 gründete Johann Nikolaus Meyer die nun älteste Schinkenräucherei im Ammerland.
Neugierige können das Museum besuchen und bei einer „Schinkenprobe“ viel Interessantes über die Geschichte des Schinkenräucherns und die Räucherei selbst erfahren.
Öffnungszeiten: April bis September

Mittwoch bis Freitag:	10:00 Uhr bis 13:00 Uhr
	14:00 Uhr bis 17:00 Uhr
Samstag:	10:00 Uhr bis 13:00 Uhr

Termine zum Einkauf oder Besuch des Schinkenmuseums außerhalb der Öffnungszeiten können online oder telefonisch abgesprochen werden.
Weitere Informationen unter: Tel. 04489 / 6501

○ FREIBAD HENGSTFORDE

Hauptstraße 310, 26689 Apen – Hengstforde

Das Freibad Hengstforde verfügt über eine siebzig Meter lange Rutsche, eine Sprunganlage und einen Eltern-Kind-Bereich. Das Becken ist beheizt.
Ein Beachvolleyballfeld, ein Basketballfeld und Tischtennisplatten befinden sich im Außenbereich des Bades.
An einem Kiosk können sich die Besucher mit kleinen Snacks und kühlen Erfrischungen versorgen.
Außerdem bietet das Bad verschiedene Schwimmkurse für Kinder und Erwachsene an.
Öffnungszeiten: Mai bis September

Montag bis Freitag	6:30 Uhr bis 8:00 Uhr
	10:00 Uhr bis 20:00 Uhr
Samstag:	10:00 Uhr bis 19:00 Uhr

Weitere Informationen unter: Tel.: 0489 / 1250

O LANDGASTHOF „HENGSTFORDER MÜHLE“

Hauptstraße 302-306, 26689 Apen

Der Landgasthof, der zwischen Apen und Augustfehn in idyllischer Lage direkt am „Aper Tief“ liegt, bietet seinen Gästen Erholung pur.
Er verfügt über vierundzwanzig komfortabel eingerichtete Gästezimmer und eine Liegewiese für Gäste.
Man kann es sich also auch in einem Liegestuhl direkt mit Blick auf das „Aper Tief“ am Deich gemütlich machen und die Tierwelt des Naturschutzgebietes beobachten.
Die Hengstforder Mühle und die Nebengebäude bieten die passende Kulisse, um in ländlicher Umgebung Erholung und Ruhe zu finden.
Das Restaurant bietet eine abwechslungsreiche regionale Küche.
Weitere Informationen unter: Tel.: 04489 / 92720

Ein schrecklicher Verdacht

(Für Thorben)

Es war ein warmer Nachmittag im August. Ich saß bei offenem Fenster im Wohnzimmer und blätterte lustlos in einem neuen Kriminalroman. Die drückende Hitze lähmte mein Vorhaben, mich auf die Handlung des Buches zu konzentrieren.

Mit meinen fünfundachtzig Jahren steckte ich die sommerliche Hitze einfach nicht mehr so gut weg. Purzel, mein kleiner Dackel, der mich seit sechzehn Jahren durchs Leben begleitete, lief unruhig von Zimmer zu Zimmer und schien sich zu langweilen.

Kurzentschlossen legte ich das Buch zur Seite und beschloss, uns durch einen Spaziergang ans **Zwischenahner Meer** etwas Abkühlung zu verschaffen.

Wenig später gingen wir am **Alten Kurhaus** vorbei, direkt zum Wasser. Ich setzte mich auf eine der wenigen freien Bänke am Ufer des Sees. Purzel schnüffelte mit seiner grau gewordenen Schnauze am Papierkorb, bevor er sich unter die Bank legte und den Blick auf ein Entenpaar richtete, das unentschlossen am Ufer hin und her watschelte.

Ich wickelte ein Stück Butterkuchen aus dem Brotpapier und brach ein Stück für Purzel ab. Auch wenn seine tränenden Augen in seinem hohen Alter nicht mehr die Besten waren, mit seinem Geruchssinn war alles in Ordnung. Ohne zu zögern verschlang er die süße Zwischenmahlzeit. Nachdem er mit seinem treuen Dackelblick vergeblich versuchte mir ein zweites Stück Kuchen abgepresst hatte, wandte er sich Richtung See und suchte das Ufer nach dem Entenpaar ab, das er aus den Augen verloren hatte.

Auch ich ließ den Blick schweifen und sah eine Gruppe Touristen, die am nahegelegenen Anleger der **Weißen Flotte** ein Schiff be-

stiegen, welches in wenigen Minuten zu seiner letzten Tagesfahrt in Richtung Dreibergen aufbrechen würde.
Aus meinen Gedanken gerissen, vernahm ich die Stimme einer älteren Frau, die entrüstet ausrief:
„Nun passen Sie doch auf!"
Zwei **Segway**-Fahrer, die vergeblich versuchten an der Frau mit dem Rollator vorbeizukommen, waren Ursache ihres Unmuts.
In diesem Moment bereute ich bereits, hierher ans Meer gegangen zu sein. Vielleicht lag es an meinem Alter, dass ich ungnädiger wurde. Ich mochte sie nicht. All die Touristen, die in den Sommermonaten wie wild gewordene Bienen in Bad Zwischenahn herumschwirrten. Manche verhielten sich so rücksichtslos, als gäbe es kein Morgen.
Ich beschloss mich nicht vom Trubel anstecken zu lassen, legte meinen Kopf in den Nacken und versuchte das laue Lüftchen zu genießen, dass über die dunkelgraue Wasserfläche des Sees zu mir herüber wehte.
Gerade wollte ich die Augen schließen, als ich eine mir wohlbekannte Stimme vernahm.
Meine Freundin Elsbeth Spannhacken näherte sich mit großen Schritten und wedelte mit einer Harke in der Luft herum. Zwei Passanten machten einen großen Bogen um sie. Für mich war es zu spät, so zu tun, als würde ich sie nicht bemerken.
Sogar Purzel zog sich weiter unter die Bank zurück.
Wer Elsbeth kannte, und das tat ich bereits seit über sechzig Jahren, der wusste, dass es vor ihr kein Entrinnen gab.
„Oh Bertha, wie gut, dass ich dich hier treffe. Ich war schon bei dir zu Hause, aber da warst du nicht!", keuchte sie nach Atem ringend.
Ich schaute meine Freundin amüsiert an und fragte mich im Stillen, warum sie eine bunte Schürze mit Tulpenmotiven umgebun-

den hatte und bei der Hitze ein Kopftuch trug. Ganz zu schweigen von der Harke und dem Weidenkorb aus dem ein paar rosa Gummistiefel lugten.

„Was ist denn passiert? Hat dich der Landfrauenverein als Vogelscheuche einstimmig abgelehnt?“

„Sehr witzig, meine Liebe. Ich bin in höchster Not und du machst mal wieder deine Witzchen.“

„Du willst doch nicht etwa in den **Park der Gärten**?“, fragte ich sie, denn mit einer ähnlichen Kostümierung hatte sie vor zwei Jahren für etwas Wirbel gesorgt.

Elsbeth nickte, während sie versuchte wieder die normale Pulsfrequenz zu erlangen.

„Du hast es erfasst. Ich war gerade bei Fritz Witte, meinem Nachbarn von schräg gegenüber und wollte ihn fragen, ob er nicht Lust hätte, mitzukommen. Du weißt doch, seine Frau ist vor einem Jahr gestorben. Ich dachte ein wenig Abwechslung würde ihm guttun. Doch er macht nicht auf und seine Zeitung, die er jeden Morgen pünktlich um 7:35 Uhr aus dem Briefkasten holt, steckt auch noch drin.“

Ich verkniff mir zu fragen, woher sie das alles so genau wusste.

„Bei deinem Aufzug würde ich auch nicht freiwillig die Tür öffnen“, antwortete ich grinsend.

Elsbeth verdrehte genervt die Augen.

„Könntest du mal ernst bleiben?“

Ich zuckte mit den Schultern und fragte:

„Kann es sein, dass Fritz Witte vielleicht für ein paar Tage weggefahren ist?“

Elsbeth schüttelte den Kopf, wobei ihr Kopftuch leicht über ihre Stirn rutschte.

„Nein, geht nicht, er hat sein Auto vor ein paar Wochen verkauft.“

„Du weißt ja mächtig viel über deinen Nachbarn“, versuchte ich sie zu necken.
„Mann sollte immer ein Auge auf seine Nachbarn haben. Vor allem in unserem Alter. Wie schnell kann einem etwas passieren.“
„Ich denke, du machst dir viel zu viele Gedanken. Wenn ich noch hinzufügen darf, dir ist sicher nicht entfallen, dass du im Park der Gärten Hausverbot hast. Man hatte dich aus dem künstlich angelegten Bauerngarten entfernt müssen, in dem du so tatest, als wäre er dein Eigentum. Du erinnerst dich sicher auch noch daran, dass man dir die Tomaten und Gurken abgenommen hatte, die du dort erntetest?“
Elsbeth machte eine wegwerfende Handbewegung.
„Zwei Jahre sind eine lange Zeit. Daran wird sich keiner mehr erinnern. Und wer weiß, wie oft man seitdem schon das Personal ausgewechselt hat.“
Ich verzog zweifelnd den Mund. „Na, wenn du meinst.“
Plötzlich stieß Elsbeth den Stil der Hacke ungeduldig in den Rasen neben der Bank, auf der ich noch saß. Purzel knurrte sie genervt an.
„Bertha, könntest du meine Sorge bitte ernst nehmen? Mein Gefühl sagt mir, dass etwas Schlimmes mit Fritz Witte passiert ist.“
Ich war mir sicher, dass meine Freundin mal wieder übertrieb. Doch ich machte mir ebenfalls keine Illusion darüber, dass Elsbeth nicht von der Stelle rühren würde, bis ich mich bereit erklärte, mit ihr zusammen zum Haus ihres Nachbarn zu gehen. Und so erhob ich mich, zog Purzel sanft an der Leine unter der Bank hervor und hoffte, dass Elsbeths Nachbar einfach nur die Klingel nicht gehört hatte.

*

Als ich mit Elsbeth vor Fritz Wittes Haustür stand, kam ich mir ein wenig albern vor.
Nach Elsbeths Blick zu urteilen, glaubte sie, dass sich die Haustür, wie von Geisterhand jeden Moment öffnen würde.
„Ich denke, wir sollten gehen", schlug ich halbherzig vor, denn ich glaubte nicht wirklich daran, dass Elsbeth meinem Vorschlag zustimmen würde.
Wenn ich ehrlich war, machte ich mir mittlerweile auch Gedanken. Nicht dass ich glaubte, dass etwas Schreckliches passiert sein könne, doch es gehörte zu meiner Natur, dass ich gern den Dingen auf den Grund ging.
Darüber hinaus wunderte ich mich über Elsbeths Interesse an ihren Nachbarn, den sie bis zum heutigen Tage mit keinem Wort erwähnt hatte, jedoch einiges über ihn zu wissen schien.
Mir war Fritz Witte ein paar Mal beim Einkaufen oder Spazierengehen über den Weg gelaufen. Ich hatte ihn stets gegrüßt, wobei er immer nur still vor sich hin genickt hatte. Auf mich hatte er immer gewirkt, als wäre er stets auf der Hut, warum auch immer.
„Elsbeth, nun lass uns mal besser gehen!", wagte ich einen erneuten Vorstoß. Purzel zog schon an der Leine in Richtung Straße.
Elsbeth streckte den Zeigefinger aus und erklärte:
„Im Blumenkasten ist der Ersatzschlüssel für die Haustür."
Nein, ich fragte sie nicht, woher sie das wusste. Ich verzog den Mund und griff in die Erde des Blumenkastens. Und tatsächlich hielt ich plötzlich einen Schlüssel in der Hand. Zugegebenermaßen war nun auch meine Neugierde geweckt.
Was sprach eigentlich dagegen, dass wir einfach mal kurz nach dem Rechten sahen? Sozusagen als besorgte Nachbarinnen.
Nachdem ich den Schlüssel von den Erdkrümeln befreit hatte, steckte ich ihn ins Türschloss. Elsbeth nickte mir dankbar zu.

Nachdem die Tür offen war, schob sie mich von hinten in den Eingangsbereich.
„Dann mal rein in die gute Stube!“, hörte ich sie aufmunternd ausrufen und dann hinter uns die Tür schließen.

*

Da standen wir nun in einem fremden Haus und schauten uns unsicher um.
Wir gingen durch einen langen, dunklen Flur. Ein Geruch nach gebratenen Eiern wehte uns aus der offenen Küche entgegen.
„Fritz?“, rief Elsbeth und erschreckte mich fast zu Tode.
Ich begann mich in den Räumen umzuschauen, immer darauf gefasst, dass Herr Witte jeden Moment um die Ecke kommen würde, um uns zu fragen, was wir hier zu suchen hätten.
Die Küche, die ich zuerst betrat, war ordentlich aufgeräumt. Der Geruch schien aus der Spülmaschine zu kommen, in der ich benutztes Geschirr entdeckte.
Elsbeth hatte das Bad entdeckt und betrat es zögernd, als erwarte sie hinter dem Duschvorhang eine mit Messerstichen übersäte Leiche.
„Hier ist niemand!“, vernahm ich erneut ihre Stimme.
Während sie die Kellertür öffnete und einen Blick in die dunkle Finsternis riskierte, betrat ich den nächsten Raum, das Schlafzimmer.
„Hast du schon etwas entdeckt?“, rief Elsbeth neugierig.
„Ja!“, flüsterte ich kaum hörbar und schaute auf das große Ehebett, auf dem Herr Witte lag. Mein Blick fiel auf den Nachtschrank, auf dem mehrere, leere Tablettenpackungen lagen. Schlagartig wurde mir klar, dass Fritz Witte nicht mehr lebte.

Dennoch näherte ich mich dem Bett und legte meine Finger an seine Halsschlagader. Nichts. Er war tot.
„Hast du schon...", hörte ich Elsbeth einen leichten Seufzer von sich geben.
Wir starrten auf das Bett und ich schüttelte den Kopf.
„Da ist nichts mehr zu machen."
„Ach der Arme. Sollten wir nicht trotzdem den Krankenwagen und die Polizei rufen?", fragte sie mit zitternder Stimme.
Elsbeth verließ auf der Suche nach dem Telefon das Zimmer.
„Nun warte mal", antwortete ich und nahm ihr im Flur den Hörer aus der Hand.
Elsbeth schaute mich verwundert an.
„Was ist denn los? Willst du den armen Mann ewig in seinem Bett liegen lassen?"
„Nein, natürlich nicht. Aber ich frage mich, warum er sich umgebracht hat."
„Sollten wir das nicht der Polizei überlassen? Schon schlimm genug, dass wir ihn gefunden haben."
„Daran bist du nicht ganz unschuldig", konterte ich und legte ihr beruhigend die Hand auf die Schulter. Auch wenn sie versuchte, sich nichts anmerken zu lassen. Elsbeth hatte unser Fund mächtig zugesetzt.
„Lass uns in die Küche gehen. Ich denke wir machen uns erst einmal einen Tee."
Elsbeth schaute mich verwirrt an.
„Denkst du, nur weil Herr Witte gestorben ist, darf man hier keinen Tee mehr trinken?"
„Aber..."
„Früher haben die Angehörigen immer eine Totenwache am Bett des Verstorbenen gehalten. Und da du mir erzählt hast, dass er

nach dem Tod seiner Frau alleine lebte, sind wir im übertragenen Sinn seine Totenwache."
Elsbeth setzte sich matt auf einen der Küchenstühle und beobachtete mich dabei, wie ich in den Dosen über dem Herd nach Tee suchte.
Als ich ihn gefunden hatte, stellte ich den Wasserkocher an und bat Elsbeth, sich um den den Rest zu kümmern.
„Wo willst du denn hin?", fragte sie und öffnete die Schranktüren auf der Suche nach Teegeschirr.
„Herausfinden, warum Fritz Witte sich mit über siebzig Jahren das Leben genommen hat."
„Vielleicht war er ja sterbenskrank oder er hatte nach dem Tod seiner Frau das Leben einfach satt?"
„Glaubst du das wirklich?"
„Na, das mit der Frau stimmt sicher nicht. Sie war schon ein richtiger Drachen. Sie hat ihn trotz seiner Schichten als Taxifahrer auch nach der Arbeit mächtig auf Trapp gehalten.
Er musste alle drei Monate den Zaun frisch streichen und die Hecke zum Nachbargrundstück schneiden. Dabei hat er Gartenarbeit gehasst."
„Hat er dir das erzählt?", fragte ich Elsbeth
„Nein, dass habe ich ihm am Gesicht ablesen können."
„Siehst du, also müssen wir nach weiteren möglichen Gründen für seine Tat suchen."
Klappernd stellte Elsbeth das Teegeschirr auf den Tisch, das sie in einem Eckschrank neben dem Fenster gefunden hatte.
Ich ging aus der Küche und betrat das Wohnzimmer. Es überraschte mich, dass ein alter, gemauerter Kamin eine der Seiten des Zimmers einnahm und neben ein paar Sitzgelegenheiten lediglich ein Bücherregal die angegraute Tapete verdeckte.

Man musste nicht genau hinsehen, um zu bemerken, dass in diesem Zimmer seit geraumer Zeit kein Staub mehr gewischt wurde. Es schien sogar, als hätte Fritz Witte diesen Raum schon länger nicht mehr betreten.
Neugierig schaute ich mich um. Auf einem kleinen Tisch sah ich einen Holzkasten. Der einzige Gegenstand, auf dem keine Staubschicht lag. Er musste noch vor Kurzem geöffnet worden sein. Der Kasten war gefüllt mit Quittungen, Rechnungen und unterschiedlichen Belegen. Ein Sammelsurium, das eigentlich abgeheftet in einen Ordner gehörte.
„Bertha, sollten wir nicht lieber die Polizei und den Krankenwagen rufen? Ich fühle mich nicht wohl mit dem Toten in diesem Haus."
Elsbeth kam zu mir und reichte mir eine Tasse Tee. Skeptisch schaute sie auf die Unterlagen, die ich vorsichtig auf dem staubigen Tisch ausgebreitet hatte.
„Hast du was Erhellendes herausfinden können?", fragte sie.
Ich nippte an dem heißen Tee und erklärte:
„Nach den Unterlagen zu urteilen, stand es um Fritz Wittes Finanzen nicht gut."
„Kein Wunder, ich denke die Krankheit seiner Frau hat große Summen verschluckt. Außerdem verdient man als Taxifahrer auch nicht die Welt."
„Wo war er denn angestellt?", wollte ich wissen.
„Beim Taxiunternehmen Reckermann."
„Reckermann? Reckermann..." In meinem Kopf begann es zu rattern.
„War da nicht mal was? Der Name kommt mir so bekannt vor?"
Elsbeth stellte ihre Teetasse ab.
„Ja, der Reckermann ist doch vor drei Jahren von heute auf morgen verschwunden und hat seine Frau mitsamt dem maroden Unter-

nehmen sitzen lassen. Außerdem hatte ihr Mann ein paar Wochen vorher begonnen, den Großteil seiner Angestellten zu entlassen. Übrig blieben nur drei Angestellte, unter anderem Fritz, bei dem man es sicher nicht übers Herz brachte, ihn nach dreißig Dienstjahren und der Krankheit seiner Frau zu entlassen."

Ich nickte, dachte darüber nach, ob es da einen Zusammenhang geben könnte. Doch mir fiel nichts ein.

„Vor drei Jahren sagst du? Und ist Reckermann wieder aufgetaucht?"

Elsbeth schüttelte den Kopf und machte ein wütendes Gesicht.

„Ach, wo denkst du hin. Abgehauen ist der! Hat sich bestimmt eine jüngere Frau genommen und treibt sich mit ihr irgendwo im Süden herum, während sich seine Frau mit der Firma mehr recht als schlecht über Wasser hält."

Elsbeth tippte auf die Papiere.

„Was ist nun mit diesen Unterlagen?"

„Nun daraus geht hervor, dass er nicht nur zahlungsunfähig ist, sondern auch zwangsgeräumt werden soll. Er kann die Kreditschulden an die Bank nicht mehr begleichen."

„Wann sollte denn das Damoklesschwert auf seinen Kopf fallen?", fragte Elsbeth entsetzt. Sicher machte sie sich jetzt schon Gedanken, wer wohl als Nachmieter hier einziehen würde. Wie ich sie kannte, hoffte sie, dass es keine lärmende Großfamilie sein würde.

„Morgen früh um sieben Uhr wenn ich das richtig gelesen habe."

„Dann hast du ja den Grund für Fritz Wittes Freitod."

Unschlüssig hob ich die Schultern. Etwas in mir sagte, dass es mit dieser Erklärung noch nicht getan war.

„Was ist denn?", hörte ich Elsbeth ungeduldig fragen.

Sie schien nur darauf zu warten, dass wir endlich zum Telefonhörer greifen würden.

„Warum hat Fritz Witte das Haus nicht schon früher verkauft und so lange gewartet, bis eine Zwangsversteigerung drohte?
„Wie manche Menschen nun mal so sind. Sie schieben die unangenehmen Dinge so lange vor sich her, bis sie keinen Ausweg mehr sehen und überreagieren."
Ich gab Elsbeth recht. So könnte es gewesen sein und doch war der Freitod für mich ein zu drastisches Mittel, den Dingen aus dem Weg zu gehen.
Elsbeth schien den staubigen Raum nicht länger zu ertragen. Sie ging zur Terrassentür hinüber, öffnete sie und trat in den Garten hinaus.
Plötzlich lachte sie laut auf.
„Das glaube ich ja nicht. Ich frage mich, warum Fritz Witte sich einen Geräteschuppen hat aufstellen lassen, bei dem Hass, den er auf Gartenarbeit hatte". Ich wühlte erneut in den Unterlagen, in der Hoffnung den Kaufbeleg für den Geräteschuppen zu finden. Als ich ihn endlich in den Händen hielt, folgte ich Elsbeth, die im Schuppen verschwunden war.
Wie sie, staunte ich darüber, dass der Schuppen bis auf einen Rasenmäher, eine Gartenschere und einen Spaten leer war. Von Innen sah man, dass der Schuppen nicht zu Ende gebaut wurde, denn Elsbeth und ich standen auf der blanken Erde, statt auf einem Holzfußboden, dessen Bretter an einer der Wände standen.
„Hier, schau mal!", sagte ich und reichte Elsbeth das Papier.
„Was willst du mir damit sagen?"
„Das sage ich dir gleich. Ich muss nur schnell einen Anruf tätigen."
„Na endlich!"
Ich schüttelte den Kopf.
„Nein, ich muss Heimke Reckermann anrufen und hoffen, dass sie ein gutes Gedächtnis hat."

Mit diesen Worten ließ ich Elsbeth mit der Quittung in der Hand im Schuppen zurück.

Zum Glück nahm Frau Reckermann es mir nicht übel, dass ich ihr nach drei Jahren, in denen sie nichts von ihrem Mann gehört hatte, Fragen stellte.
Der Anruf dauerte keine fünf Minuten. Als ich auflegte, war ich mir sicher, dass ich wusste, weshalb Fritz Witte sich umgebracht hatte.
Als Nächstes rief ich die Polizei an.

Elsbeth war hoch erfreut, als sie erfuhr, dass ich endlich die Polizei benachrichtigt hatte. Doch sie verstand noch immer nicht, was es mit der Quittung in ihrer Hand auf sich hatte. Es war Zeit, es ihr zu erklären.
„Herr Reckermann verschwand vor drei Jahren, genau zu dem Zeitpunkt, als es seiner Firma nicht gut ging und er seine Mitarbeiter entlassen musste. Fritz Wittes Frau war da schon krank und das Geld knapp. Von Frau Reckermann, die ich gerade angerufen habe, weiß ich, dass ihr Mann alle Mitarbeiter entlassen hat. Er hat ihnen die Kündigung sogar selbst vorbei gebracht. Und an jenem Abend, als er hier bei Fritz klingelte, um ihm die schlechte Nachricht zu überbringen, ist der aus Verzweiflung durchgedreht und hat seinen Chef umgebracht.
Zu seinem großen Glück wusste Frau Reckermann nach dem Verschwinden ihres Mannes weder ein noch aus und hat Fritz wegen seiner jahrelangen Erfahrung weiterarbeiten lassen."
Nun zeigte ich Elsbeth das Kaufdatum des Geräteschuppens.
„Ich fasse es nicht. Genau einen Tag nach dem Verschwinden seines Chefs."
Elsbeth sah auf den Boden und rümpfte die Nase.

„Willst du mir jetzt auch noch sagen, dass wir gerade...“
„Ich fürchte ja. Weshalb sonst hatte sich Fritz diesen Schuppen gekauft. Die perfekte Tarnung.“
Elsbeth verließ fluchtartig den Schuppen und lief Kommissar Kuhnert fast in die Arme.
„Ich glaube, ich brauche einen Tee. Aber bei mir zu Hause!“ rief sie und verschwand aus meinem Blickfeld.

Eine Stunde später saßen Elsbeth und ich bei ihr auf dem geblümten Sofa in ihrem Wohnzimmer. Purzel, der im Haus des Toten alle Ereignisse unterm Küchentisch liegend, verschlafen hatte, schlief nun weiter im Gästekörbchen, das Lisbeth extra für ihn angeschafft hatte.
Er schien sich nicht für die Tatsache zu interessieren, dass die Spurensucher der Polizei tatsächlich die Leiche von Herrn Reckermann zutage gebracht hatten.
Nur widerwillig schaute Elsbeth aus dem Fenster.
„Gott wie schrecklich. Dann hat er sich umgebracht, weil er wusste, dass man nach der Zwangsversteigerung früher oder später auf den Leichnam stoßen würde.“
„Ich denke schon“, stimmte ich meiner Freundin zu.
„Gott, ich werde jetzt immer an den toten Fritz denken, wenn ich aus dem Fenster schaue.“
„Bis eine achtköpfige Familie dort einzieht und ordentlich Radau macht und dich damit von deinen düsteren Gedanken ablenkt.“
Elsbeth schaute mich erbost an und erhob drohend ihre Kuchengabel in meine Richtung.
„Wehe, wenn das in Erfüllung geht. Dann ziehe ich zu dir.“
„Das kannst du dir gleich abschminken. So weit geht unsere Freundschaft nun auch nicht!“

„Was? Das sagst du mir erst jetzt? Nach über sechzig Jahren Freundschaft? Na warte!“
Während unseres kleinen Wortgefechts freute ich mich, dass Elsbeth nach dem, was wir an diesem Nachmittag erlebt hatten, endlich auf andere Gedanken kam.

Freizeittipps

ALTES KURHAUS (BIBLIOTHEK AM MEER)

Auf dem Hohen Ufer 20, 26160 Bad Zwischenahn

Die Bibliothek am Meer ist im alten Kurhaus, das im Jahre 1874 erbaut wurde, untergebracht. Auf einer Fläche von rund 420 Quadratmetern bietet sie eine Vielfalt an Büchern, Hörbüchern, Computerspiele und vielem mehr.
Im alten Kursaal finden regelmäßig Vorträge, Konzerte und Ausstellungen statt.
Öffnungszeiten:

Dienstag, Donnerstag und Freitag	14:00 Uhr bis 18:00 Uhr
Mittwoch	10:00 Uhr bis 18:00 Uhr
Samstag	10:00 Uhr bis 14:00 Uhr

Weitere Informationen: Tel.: 04403 / 604460

ZWISCHENAHNER MEER

Das Zwischenahner Meer liegt zwischen Bad Zwischenahn (Süden) und Dreibergen (Norden) und wurde vor dem 19. Jahrhundert Elmendorfer oder Ammersches Meer genannt.

Mit seiner Wasserfläche von 550 Hektar, einem Umfang von elf Kilometern und einer durchschnittlichen Wassertiefe von 3,3 Metern ist das Zwischenahner Meer der drittgrößte Binnensee Niedersachsens.
Es ist ein Paradies für Angler und Freizeitkapitäne.
Im Kurpark gibt es eine Badestelle und einen Tretbootverleih unweit des Badestrandes.

○ DIE WEISSE FLOTTE

Die Schiffe der Weißen Flotte bieten ganzjährig Rundfahrten und Tagesausflüge auf dem Zwischenahner Meer an.
An Bord befindet sich ein umfangreiches Gastronomieangebot.
Zudem gibt es auch die Möglichkeit, private Feiern auf den Schiffen ausrichten zu lassen.
Weitere Informationen unter:
Buchungsbüro: Tel.: 04403 / 3056

○ SEGWAY TOUREN

Von Mai bis Oktober, an jedem ersten und zweiten Freitag im Monat, kann man an einer Segway-Tour durch Bad Zwischenahn teilnehmen.

Treffpunkt:	Touristik- Information an der Wandelhalle
Start:	14:30 Uhr und 16:30 Uhr
Dauer:	1,5 Stunden

Weitere Informationen unter:
Touristik-Information
Am Hohen Ufer 24, 26160 Bad Zwischenahn
Tel.: 04403 / 61159

○ PARK DER GÄRTEN

Elmendorfer Straße 40, 26160 Bad Zwischenahn

Der Park beherbergt auf 140.000 Quadratmetern über 9000 Pflanzen. Er bietet nicht nur eine außergewöhnliche botanische Vielfalt, sondern auch an die 40 Mustergärten, die eine Bereicherung für jeden Gartenliebhaber darstellen. Besucher haben die Möglichkeit, sich an eine der vielen ruhigen Oasen zurückzuziehen. Kinder können sich auf einem Kletterspielplatz austoben.
Außerdem gibt es die Möglichkeit, von einem Turm aus den herrlichen Ausblick über den Park der Gärten zu genießen. Neben einem gastronomischen Angebot zeichnet sich der Park der Gärten auch durch sein vielfältiges kulturelles Programm aus, wie Vorträge zum Thema Garten, Führungen, Fotowettbewerbe oder Lesungen, sowie Konzerte.
Öffnungszeiten: April bis Oktober
Täglich von 9:30 Uhr bis 18:30 Uhr
(Die Ausgänge sind bis 21:45 Uhr geöffnet)
Weitere Informationen unter: Tel.: 04403 / 8196-0

Kein gutes Jahr für Sieger

(Für Nico)

Die Glocke der St. Johannes Kirche schlug zur vollen Stunde, als der Bus um Punkt 22:00 Uhr am Marktplatz in Bad Zwischenahn hielt, um uns Mädels vom Ammerländer Heimatverein in den Abend zu entlassen.
Wir verabschiedeten uns in ausgelassener Stimmung voneinander. Einzig die Lindemann-Schwestern, Lotte und Erika, hatten auf dem gesamten Rückweg von Friedeburg bis hierher mit versteinerter Miene auf ihren Plätzen in der hintersten Reihe gesessen. Nun entfernten sie sich von unserer Gruppe ohne ein Wort des Abschieds. Ich kann nachvollziehen, dass sie mit dem Ergebnis des Wettkampfes im Landhotel Oltmanns nicht zufrieden sind. Allerdings empfinde ich es etwas überzogen, sich wie eingeschnappte kleine Schulmädchen aus dem Staub zu machen.
Beseelt von den Ereignissen des Tages und den Bildern des Wettkampfes um das Goldene Teesieb 2019, mache ich mich auf den Heimweg.
Meine Gedanken wandern indes zurück zum großen Saal des Landgasthofes. Ich sehe mich wieder umringt von den Teilnehmern der zehn Vereine aus ganz Norddeutschland.

Alle hatten die Aufgabe gehabt, eine perfekte Teezeremonie vorzubereiten. Mit Argusaugen hatten die Jurymitglieder neben uns gestanden und beobachtet, ob wir das richtige Teegeschirr nahmen. Wie wir den Kluntje in die Mitte der Teetasse platzierten, der wenig später mit heißem Ostfriesentee umspült wurde und wie ein kleiner Felsbrocken aus der rotbraunen Flüssigkeit ragte. Als der Kluntje begann sich in der heißen Flüssigkeit aufzulösen, vernahmen wir ein leises Knacken.

Bis zu diesem Zeitpunkt schien alles glatt zu laufen.
Auch Lotte Lindemann und die anderen Teilnehmer lösten die Aufgabe ohne erkennbare Fehler. In dem Moment, in dem die Teilnehmer die Sahne entlang des Teetassenrandes in den Tee laufen ließen, machte sich jedoch eine sichtbare Unsicherheit breit. Lottes Schwester Erika entfuhr ein leiser Seufzer. Mit einem Blick zur Seite sah ich, dass Lotte einen winzigen Tropfen Sahne verschüttet hatte. Als Ergebnis bildeten sich drei kleine Wölkchen Sahne weniger auf der Oberfläche des Tee, als bei mir. Da wusste ich noch nicht, dass ich bereits mit neun kleinen Sahnewölkchen in Führung lag.
Und so konnte ich es kaum fassen, als mich der Vorsitzende des *Vereins für Teekultur* nach dem Ende des Wettkampfes und der Auszählung der Punkte zu sich nach oben auf die Bühne rief und mir, Bertha Breetzke, höchstpersönlich das „Goldene Teesieb“ überreichte.
„Du kommst aber spät!“, reißt mich die Stimme meiner Freundin aus meinen Gedanken, als ich auf meine Haustür zusteuere.
Elsbeth Spannhacken steht in der geöffneten Haustür und betrachtet mich argwöhnisch.
Sie schaut auf den Holzkasten in meiner Hand.
„Du hast doch nicht etwa....? Also, dass darf doch wohl nicht wahr sein.“
Elsbeth versperrt mir aufgebracht den Weg.
„Ich freue mich auch, dich zu sehen!“, antworte ich enttäuscht und frage mich zum wiederholten Mal, warum ich diese Freundschaft nicht schon längst beendet habe.
„Du kommst mir mit dem Ding da nicht ins Haus. Am Besten du gibst den Preis sofort zurück, bevor noch etwas schlimmes geschieht.“
„Etwas schlimmes wird passieren? Jetzt gleich?“

Ich drehe mich unsicher um und schaue in die Nacht.
„Jetzt nicht. Heute Nacht werde ich dich beschützen können. Aber morgen gehst du zum Heimatverein und erklärst, dass du den Preis nicht annehmen kannst."
„Und aus welchem Grund sollte ich das tun, wenn ich fragen darf?"
Mist, denke ich. Diese Frage ist ein riesiger Fehler und ich ahne, was nun kommen wird. Aber wenigstens lässt mich Elsbeth in mein Haus treten, in dem sie während meiner Abwesenheit auf meinen altersschwachen Dackel Purzel aufgepasst hat.
In letzter Zeit scheint er drinnen und draußen nicht mehr richtig unterscheiden zu können und beginnt nicht nur am Stuhlbein und vor dem Fernseher das Bein zu heben, um sich zu erleichtern. Aber was kann man von einem sechzehnjährigen Hund erwarten? Er bringt wie alte Menschen auch Dinge durcheinander.
Den Holzkasten stelle ich neben dem Herd ab.
Als ich mir die Jacke ausziehen will, drückt mich Elsbeth auf einen der drei Küchenstühle, setzt sich mir gegenüber an den Tisch und erklärt:
„Was glaubst du, warum ich dir heute Morgen beim gemeinsamen Frühstück aus den Teeblättern gelesen habe? Doch nicht aus Langeweile, sondern weil ich das Gefühl hatte, dass es für dich besser ist, nicht an dem Wettkampf in Friedeburg teilzunehmen. Und? Hatten die Teeblätter nicht Recht?"
„Sie haben nicht gesagt, dass ich heute nicht gewinnen darf."
„War der Pokal, der Totenkopf und die Zwölf, die die Teeblätter beim Umkippen der Teetasse zum Vorschein gebracht haben, nicht Grund genug auf mich zu hören?"
„Du bist mit dem Finger in den nassen Teeblättern herumgefahren. Einen Totenkopf habe ich da nicht gesehen", erklärte ich ihr selbstbewusst.

„Tut mir leid, wenn es dir an Fantasie fehlt, aber zum Glück hast du ja mich. Nur was nützt es, wenn du nicht auf mich hörst?"
Elsbeth erhebt sich und stellt die Kaffeemaschine an.
„Von Tee hast du ja heute sicher genug."
„Elsbeth, ich vertrage so spät am Abend keinen Kaffee mehr!", merke ich erfolglos an.
„Den scheinst du aber zu brauchen, um mir aufmerksam zuhören zu können."
Während Elsbeth Kaffee kocht, überlege ich, ob ich irgendwo eine Tablette herumliegen habe, die ich ihr heimlich in den Kaffee werfen könnte, um sie einen Moment außer Gefecht zu setzen. Jede andere Freundin hätte sich für mich und über meinen Preis gefreut. Doch Elsbeth ist da aus ganz anderem Holz geschnitzt und mir fällt beim besten Willen nicht ein, wie ich ihrer bevorstehenden Moralpredigt entgehen könnte. Einzig eine Ohnmacht könnte mich retten, doch ich fühle nicht, dass eine in Anmarsch ist und eine Ohnmacht vortäuschen, ist mit zu anstrengend.
Also hole ich tief Luft, nippe von dem viel zu starken Kaffee, den Elsbeth mir über den Tisch schiebt, und lausche mit gespieltem Interesse ihren Worten.
„Hatte ich dir heute Morgen nicht erklärt, was die Symbole bedeuten? Der Pokal steht für Sieg, die Zwölf für die zwölf Monate des Jahres und der Totenkopf für Unglück. Jeder, der in diesem Jahr einen Sieg erringt, wird sterben!"
Ich weiß nicht, ob ich Elsbeth irgendwann schon einmal vorgeschlagen habe, sich als alternde Schauspielerin zu bewerben. Das dramatische Fach scheint ihr wie auf den Leib geschnitten. Ich hüte mich, sie zu unterbrechen und versuche ein Gähnen zu unterdrücken. Je eher sie ihre Ausführungen beendet hat, desto früher kann ich endlich ins Bett gehen, um mich von dem anstrengenden Tag zu erholen.

„Und was ist mit Willi Imhoff passiert, als er bei unserem Neujahrsboßeln Boßelkönig wurde? Genau! Jemand hat ihn im **Boßelmuseum im Museumskroog** mit einer Boßelkugel erschlagen."
„Elsbeth, das war ein Unfall. Eine Boßelkugel ist ihm vom oberen Ausstellungsregal auf den Kopf gefallen", wende ich ein.
„Und was ist mit Fritz Stolle bei unserem Winterwettschwimmen im **Woltsee** passiert? Kaum hatte er in Führung gelegen, zog ihn jemand ins Wasser und ertränkte ihn. Dabei hatte ich noch vorgeschlagen, den Wettkampf in den **Badepark** zu verlegen. Aber auch da wollte man nicht auf mich hören."
„Der Arzt hat festgestellt, dass er durch das kalte Wasser einen Krampf bekommen hat und dabei leider ertrunken ist."
„Ach und bei Irene Buschkamp war es auch nur Zufall?"
Ich hole tief Luft.
„Bei Irene Buschkamp war es leider eine Verkettung dummer Zufälle."
„Du meinst es war Zufall, dass sie nachdem sie in der **Spielbank** den Tagesjackpot gewonnen hat und auch beim anschließenden **Minigolf**-Wettkampf der Frauensportgruppe Ammerland den ersten Platz belegte, ganz zufällig auf dem Heimweg von der **Emma-Bahn**, die zur Überholung in die Werkstatt gefahren werden sollte, überrollt wurde, obwohl niemand im Führerhaus saß?"
„Ja, dass war ein großes Unglück wie bei all den Anderen.", versuche ich Elsbeth zu beruhigen, die sich in Rage geredet hat.
„Na dann war der Tod von Hedda Wischer auch nur ein Unfall, als sie bei unserem Aalessen-Wettkampf im **Ammerländer Bauernhaus** nach dem siebten Aal und dritten Löffeltrunk das Zeitliche gesegnet hat."
„Der Arzt stellte später fest, dass sie an einer akuten Gallenkolik gestorben ist. Also auch kein Mord, wie du siehst."
Elsbeth geht die Puste aus.

Missmutig steht sie auf und rümpft die Nase, als hätte Purzel einen Furz in der Küche hinterlassen.

„Ich denke, dann werde ich wohl nach Hause gehen. Dachte erst, dass ich sicherheitshalber heute Nacht bei dir bleibe, um dich zu beschützen. Aber du scheinst mir ja nicht zu glauben und meine Hilfe nicht zu brauchen.

Wundere dich aber nicht, wenn ich nicht bei deiner Beerdigung erscheine. Allein die Vorstellung hinter einem Sarg her zu gehen, indem das zerstückelte Opfer eines Psychopathen liegt, lässt mir den kalten Schweiß den Rücken hinunterlaufen."

Shakespeare, ja genau. In einem seiner Stücke wäre Elsbeth die beste Besetzung, geht es mir durch den Kopf, als ich sie zur Haustür begleite.

„Elsbeth, ich weiß deine Sorge zu schätzen. Aber glaube mir, ich hätte es schön gefunden, wenn du dich heute Abend über meinen Preis mit mir zusammen gefreut hättest. Wir hätten ein Glas Sekt trinken und auf unsere Freundschaft anstoßen können", versuche ich sie versöhnlicher zu stimmen.

„Das können wir gern machen, wenn du in einem halben Jahr noch am Leben bist!"

Mit diesen Worten verabschiedet sich meine Freundin von mir und ich schaute ihr nach, bis sie um die Ecke biegt und schließe die Tür.

Erst jetzt, als ich im Haus die Ruhe spüre, die nur durch Purzels leises Schnarchen durchbrochen wird, merke ich, wie erschöpft ich wirklich bin.

Ich lasse die leeren Kaffeetassen in der Küche stehen und mache mich auf den Weg ins Bad.

Keine zehn Minuten später liege ich im Bett, ziehe meine warme Steppdecke bis unter das Kinn und falle augenblicklich in einen unruhigen Schlaf.

*

Ich sehe Lotte und Erika Lindemanns Haus am Hogen-Hagen. Sehe, wie sie auf ihrem Balkon zur Straße hin sitzen und es sich bei Kaffee und Käsekuchen an einem kleinen runden Tisch gut gehen lassen.
Erika dreht nervös ihren Kaffeelöffel in der Hand.
Missbilligend schaut Lotte ihre Schwester an.
„Was hast du denn?"
„Hörst du das nicht?"
„Was soll ich hören?"
„Diese dumpfen Geräusche. Sie kommen aus unserem Schlafzimmer."
Lotte schüttelt den Kopf.
„Ach was. Das bildest Du dir nur ein."
„Nein, ganz sicher. Ich höre es immer wieder."
„Dann schau halt nach."
„Alleine gehe ich da nicht rein."
„Dann warte noch ein bisschen. Lange kann es nicht mehr dauern, dann ist Ruhe."
„Das hast du bei Willi Imhoff auch gesagt und dann hast du ihm zweimal mit der Boßelkugel auf den Kopf schlagen müssen, bevor er endlich leblos zu Boden fiel."
Lotte holte tief Luft.
„Der Willi war schon immer ein Dickschädel. Und ein Angeber. Boßelkönig, dass ich nicht lache. Nun ist er halt ein toter Boßelkönig und was hat er davon? Nichts. Er hätte dich doch mal gewinnen lassen können."
„Genau!", pflichtete Erika ihrer Schwester bei.
„Und der Fritz könnte auch noch leben, wenn er mir beim Schwimmen nicht in die Quere gekommen wäre und ich nicht

hätte ausweichen müssen, was mich kostbare Sekunden gekostet hat."
Erika strich Lotte sanft über die Wange.
„Aber meine große Schwester ist eine ausgezeichnete Taucherin und hat den dicken Fritz schön lange unter Wasser gezogen, bis er nach Luft schnappen musste."
Lotte nahm Erikas Hand und schaute sie dankbar an.
„Dafür kennst du dich gut mit Medikamenten aus, die Gallenkoliken auslösen. Bei Edda ist es ja auch gut gegangen. Sie ist so schnell vom Stuhl gekippt. Die hat nicht mal bemerkt, dass in ihrem Fall keiner darauf erpicht war, das Aalwettessen wirklich zu gewinnen."
„Nein, ich weiß", erklärte Erika.
„Da ging es uns nur ums Prinzip."
„Wie bei Irene mit ihrer Spielsucht. Doch die haben wir ihr nach dem Minigolf-Wettkampf schön ausgetrieben. Als Siegerin unter einer elektrischen Touristeneisenbahn zu enden, die sich auf wunderlicher Weise in Bewegung. Solch ein Ende hatte sie sich sicher nicht gewünscht", kicherte Lotte und stach mit der Gabel in den Käsekuchen.
„Ach. Was für ein schöner Tag. Und der Abend erst. Der wird die Krönung!", freute sich Lotte und drehte sich um.
„Hörst du noch etwas?"
„Nein. Ich denke das Schlafmittel hat gewirkt."
„Dann sollten wir keine Zeit verlieren. Keiner möchte im Moor am **Engelsmeer** in der Nacht herumlaufen, auch wir nicht."
Lotte stimmte ihrer Schwester zu und erklärte:
„Immerhin wollen wir doch sehen, wie das Bündel mit unserer Siegerin des „Goldenen Teesiebs" für immer im Moor versinkt."

Ich sehe, wie sich die Schlafzimmertür öffnet und Lotte an das Bett tritt. Meine Händen und Füßen sind gefesselt. In meinem

Mund steckt ein Knebel. Sie beugt sich über mich und flüstert mir sanft ins Ohr:
„Es tut mir leid, aber dieses Jahr ist kein gutes Jahr für Sieger."
Grinsend streicht Lotte mir über die schweißnasse Stirn.

*

Mit einem Schrei wache ich auf. Purzel, der neben mir im Bett liegt und mir mit der Zunge übers Gesicht fährt, schreckt zurück und springt aus dem Bett.
Ich brauche ein paar Sekunden, bis ich begreife, dass ich in meinem eigenen Bett liege und die Morgensonne bereits durch das Fenster scheint.
Erleichtert lasse ich den Kopf zurück aufs Kissen fallen. Nur allmählich verblassen die Bilder meines grauenhaften Traums. Mir ist klar, wem ich diesen Traum zu verdanken habe. Elsbeth hatte mich gestern Abend fast verrückt gemacht und der Traum war nur das Ergebnis all ihrer Worte.
Ich beschließe, noch etwas zu schlafen und hoffe, dass ich nicht erneut in einen Alptraum verfalle. Keine Minute später schrillt die Haustürklingel. Ich hoffe, dass es nicht schon wieder Elsbeth ist, die mit dem zweiten Teil ihrer Belehrung: „Ich habe es dir ja gesagt" weitermachen will.
Lustlos und ohne Eile ziehe ich mir einen Morgenmantel über und gehe zur Tür.
Mit rasendem Herzen blicke ich den Lindemann-Schwestern entgegen.
Mit ihnen habe ich am allerwenigsten gerechnet.
Etwas verlegen stehen sie vor mir. Ihrem Gesichtsausdruck nach zu urteilen, haben sie nicht die Absicht, sich lange hier vor meiner Tür aufzuhalten.

„Guten Morgen Bertha. Wir wollen uns entschuldigen, wegen gestern. Es war recht unhöflich, dass wir dir nicht zu deinem Sieg gratuliert haben."
Ich räuspere mich und antworte in ruhigem Ton:
„Ich weiß, ihr hättet auch gern gewonnen."
„Aber das ist noch lange kein Grund so unhöflich zu dir zu sein."
Erika schaut Lotte zögernd an und ist sichtlich erleichtert, dass Lotte die Führung des Gesprächs übernimmt.
„Also, warum wir gekommen sind. Wir wollten dich sozusagen als Wiedergutmachung zu uns zum Kaffee einladen. Erika backt einen phantastischen Käsekuchen."
Die Schwestern schauen mich erwartungsvoll an. Dann fügt Erika schüchtern hinzu:
„Und anschließend bleibt bestimmt noch genug Zeit, um zusammen einen schönen Spaziergang zum Engelsmeer zu unternehmen."

Freizeittipps

FREILICHTMUSEUM AMMERLÄNDER BAUERNHAUS
Am Hohen Hagen, 26160 Bad Zwischenahn

Das Freilichtmuseum besteht aus reetgedeckten Bauernhäusern, einem Bauerngarten, einem Speicher und einer Scheune. Die insgesamt 17 Gebäude wurden originalgetreu zwischen 1910 und 1941 im Strandpark am Zwischenahner Meer wieder aufgebaut. Neben dem Bauernhaus aus dem 17. Jahrhundert können die Besucher auch eine Klappenwindmühle bestaunen. Sie stammt aus dem Jahre 1811.

Öffnungszeiten:
Ammerländer Bauernhaus
April bis Oktober: von 11:00 Uhr bis 17:00 Uhr
In den anderen Monaten wird nur für Führungen mit Voranmeldung geöffnet!
Mühle und andere Nebengebäude:
April bis Oktober: von 14:00 Uhr bis 17:00 Uhr
Samstag/Sonntag und Feiertag: von 11:00 Uhr bis 17:00 Uhr
Weitere Informationen unter:
Verein für Heimatpflege
Auf dem Winkel 26, 26160 Bad Zwischenahn
Tel.: 04403/ 2071

○ SPIEKER
Hohen Hagen 4

Der Spieker gehört zum Freilichtmuseum und wird als gastronomische Einrichtung genutzt.
Er hat sich in seinen Gasträumen den bäuerlichen Charakter bewahrt. Die Kellner tragen original Ammerländer Trachten und verwöhnen ihre Gäste mit Ammerländer Spezialitäten. Bekannt ist der Spieker für das Aalessen mit dem traditionellen Löffeltrunk, während und nach dem Aalessen aus dem Zinnlöffel.
Öffnungszeiten:
Täglich von 10:00 Uhr bis 23:00 Uhr
Weitere Informationen unter:
Tel.: 04403 / 2324

○ KLOOTSCHIESSER UND BOSSELMUSEUM

Speckener Weg 34, 26160 Bad Zwischenahn

Dieses Museum ist in seiner Art einzigartig im Ammerland. Es informiert seine Besucher bei einer Führung über die Geschichte der Traditionssportart des „Klootschießens“ und „Boßelns“ ab 1785.
Viele Fotos und unzählige Boßelkugeln und Kloote aus dem In- und Ausland können bestaunt werden und die ein oder andere Kugel auch in die Hand genommen werden.
Das Museum befindet sich beim Museumskroog „Junker van der Spekken“.
Öffnungszeiten:
Dienstag bis Freitag von 11:00 Uhr bis 16:30 Uhr
Weitere Informationen unter:
Tel.: 04488 / 3774 (ab 18:00 Uhr)

○ SPIELBANK BAD ZWISCHENAHN

Eiden 9, 26160 Bad Zwischenahn

Im „Jagdhaus Eiden“, einem alten Fachwerkhaus unweit des Zwischenahner Meers, befindet sich die Spielbank Bad Zwischenahn. Von Roulette, Black Jack bis Poker kann der Besucher auch an 200 Spielautomaten sein „Glück“ versuchen.
Öffnungszeiten:
Automaten-Casino

Freitag bis Samstag	von 14:00 Uhr bis 02:00 Uhr
Sonntag bis Donnerstag	von 14:00 Uhr bis 01:30 Uhr

Klassisches Spiel: von 14:00 Uhr bis 02:00 Uhr
Der Eintrittspreis für das klassische und das Automatenspiel beträgt 2 € (Tageskarte)
Weitere Informationen: Tel.: 04403 / 93800

○ MINIGOLFANLAGE ZUR BRÜGGE

Eiden, 26160 Bad Zwischenahn

Die Anlage befindet sich in unmittelbarer Nähe zur Spielbank. Die Minigolfanlage bietet 18 Bahnen auf denen jeder Besucher, ob Groß oder Klein, sein Geschick beweisen kann.
Der Preis (1 Durchgang = 18 Bahnen) beträgt:

Erwachsene:	3,00 €
Kinder:	2,50 €

Öffnungszeiten:
Von April bis Oktober von 10:00 Uhr bis 19:00 Uhr
(Bei den Öffnungszeiten wird auch auf die Witterungsverhältnisse geachtet.)
Weitere Informationen unter: Tel.: 04404 / 8805

○ ST.-JOHANNES KIRCHE

Am Brink 8, Bad Zwischenahn

Die Pfarrkirche St. Johannes der Täufer wurde erstmals im Jahre 1124 erwähnt und gehört damit zu den ältesten Gebäuden im Oldenburger Land.

Die romanisch-gotische Kirche zeichnet sich durch eine barocke Kanzel, eine klassizistischen Orgel und einen gotischen Flügelaltar aus.
Die Bilder der Empore, die ab 1745 von einem Lehrer bemalt wurden und Szenen aus dem Alten und Neuen Testament darstellen, sind im Originalzustand erhalten.
Das Fresko über dem Altar stammt vermutlich aus der zweiten Hälfte des 15. Jahrhunderts.
Außerhalb der Kirche, auf dem Friedhof, befinden sich einige barocke Grabsteine aus dem 17. Jahrhundert.
Der freistehende Glockenturm in der Nähe der Kirche wurde im 15. Jahrhundert aus Backsteinen und Findlingen errichtet.
Weitere Informationen:
St. Johannes Kirche, Tel.: 04403 / 93760

O BADEPARK BAD ZWISCHENAHN
Am Badepark 1

Der Badepark verfügt über vier temperierte Außenbecken (24 Grad) und ein Mehrzweckbecken mit Hubboden (30 Grad).
Auf rund 10.000 Quadratmetern Wiese kann man auf Liegen oder in Strandkörben wunderbar entspannen.
Die Hauptattraktion ist eine 80 Meter lange Wasserrutsche.
Abseits der Schwimmbecken gibt es zwei Beach-Volleyball Spielfelder.
Ein Kiosk hält für seine Besucher kleine Stärkungen und Erfrischungen bereit.

Saison von April bis September

Öffnungszeiten in der Vor- / Nebensaison

(April, Mai, September)

Montag	von 12:00 Uhr bis 19:00 Uhr
Dienstag bis Freitag	von 06:30 Uhr bis 19:00 Uhr
Samstag und Sonntag	von 09:00 Uhr bis 19:00 Uhr

Öffnungszeiten in der Hauptsaison (Juni bis August)

Montag	von 12:00 Uhr bis 20:00 Uhr
Dienstag bis Freitag	von 06:30 Uhr bis 20:00 Uhr
Samstag und Sonntag	von 09:00 Uhr bis 20:00 Uhr

Weitere Informationen unter: Tel.: 04403 / 1061

❍ BAHN „EMMA“

Von April bis Oktober startet die Bahn „Emma“ mit seinen Gästen täglich zu einer **Moortour.**

Abfahrt: 12:30 Uhr ab Parkplatz Mühle (Unter den Eichen)
12:40 Uhr ab Marktplatz

Von April bis Oktober startet die Bahn „Emma“ mit seinen Gästen täglich zu einer **Rhododendrontour**.

Abfahrt: 15:00 Uhr ab Parkplatz Mühle (Unter den Eichen)
15:10 Uhr ab Marktplatz

Fahrpreis Erwachsene:	7,50 €
Fahrpreis Kinder:	5,00 €

Eine Anmeldung ist nicht erforderlich.

Weitere Informationen unter:

Wilhelmstraße (Bahnhof)

26160 Bad Zwischenahn, Tel.: 04403 / 62448- 23 und -24

○ WOLDSEE

Der Woldsee befindet sich an der Bahnlinie Bad Zwischenahn – Oldenburg.
Er entstand Anfang der 1970er Jahre und hat seinen Namen vom Waldgebiet „Wold", das an den See angrenzt.
Der See wird als Angel- und Badesee genutzt. An seinem westlichen Ufer befindet sich ein kleiner Sandstrand. Während der Badesaison gibt es dort eine Wasseraufsicht von der DLRG. In dieser Zeit hat auch ein kleiner Kiosk geöffnet, der die Gäste mit kleinen Snacks und Erfrischungen versorgt.

○ ENGELSMEER

Das Engelsmeer ist ein Moorsee und befindet sich in der Nähe von Bad Zwischenahn, in einem 2 Hektar großen Gebiet, das unter Naturschutz steht. Das Engelsmeer ist von einem Birkenwäldchen umgeben und bietet vielen Wasservögeln eine ideale Rückzugsmöglichkeit.

Das Wiedersehen

(Für Alma)

Jan Siefken saß im Arbeitszimmer und versuchte vergeblich an seinem Roman, den er vor einem halben Jahr begonnen hatte, weiterzuschreiben.
Im Stundentakt klingelte das Telefon unten im Flur. Es war erstaunlich wie viele Menschen an den Vorbereitungen seiner Hochzeit beteiligt waren.
Sein schlechtes Gewissen ließ ihn ab und zu nach unten gehen, um Dana, seine zukünftige Frau, zu fragen, ob er ihr nicht zur Hand gehen solle.
Doch stets hatte sie verneint, ihm versichert, dass sie alles im Griff hätte und ihn wieder zurück in sein Arbeitszimmer geschickt.
Jan hörte, wie sie mit ihrem Friseur am Telefon redete. Sie schien sich versichern zu wollen, dass man ihr zwischen der standesamtlichen Trauung am morgigen Vormittag und der kirchlichen Trauung in der **St. Nikolai-Kirche** am Nachmittag, noch einmal die Frisur auffrischen würde.
Jan lehnte sich in seinem Stuhl zurück und schaltete den Computer aus. Er war sich sicher, dass er heute keinen vernünftigen Satz mehr zustande bringen würde.
Für einen kurzen Augenblick schloss er die Augen und versuchte sich vorzustellen, wie es aussähe, wenn er morgen an der Seite seiner Dana vor dem Altar stünde.
Doch das erneute Klingeln an der Haustür zerriss die Bilder vor seinem geistigen Auge.
Jan stand auf und verließ das Arbeitszimmer. Als er sich bereits auf der Treppe nach unten befand, hielt er plötzlich inne. Er sah Dana an der geöffneten Haustür stehen, konnte jedoch nicht erkennen, wer der Besucher war. Also versuchte er aus

den Gesprächsfetzen, die zu ihm drangen, auf den Besucher zu schließen.
Bevor die Vermutung in sein Bewusstsein drang, dass es einer der vielen Boten vom Lieferservice sein könne, die seit Tagen ihre Pakete ablieferten, vernahm er Danas Stimme:
„Jan, da ist Besuch für Dich!"
Jan zuckte kurz zusammen, löste seinen festen Griff vom Treppengeländer und ging zügig zur Haustür. Dana trat zur Seite und schaute ihn neugierig an.
Ihm war, als versuche sie aus seinem Blick abzulesen, welche Bedeutung die Frau für ihn hatte.
Jan riss sich zusammen, versuchte sich seine Überraschung nicht anmerken zu lassen.
Sie hatte sich kaum verändert.
Noch immer trug sie ihr langes, blondes Haar offen und verstand es, sich modisch perfekt zu kleiden. Das dunkelgrüne Kleid betone ihren schlanken Körper und die schwarze Handtasche war farblich perfekt auf die Strickjacke abgestimmt.
Im Hintergrund klingelte das Telefon. Dana zögerte kurz. Sie wollte keinen Moment des Wiedersehens zwischen ihrem zukünftigen Ehemann und der fremden Frau, die sich als eine alte Freundin vorgestellt hatte, verpassen.
Doch das nicht enden wollende Klingeln musste gebändigt werden und so verschwand Dana im Flur.
„Hallo Adda!", begrüßte Jan die Frau gelassen, als hätten sie sich erst gestern voneinander verabschiedet.
In Wirklichkeit hatten sie sich vor zehn Jahren zum letzten Mal gesehen.
„Hallo Jan. Ich war gerade in der Nähe und habe gehört, dass du morgen heiraten wirst. Ich dachte, ich schau mal vorbei, um dir meinen Glückwunsch auszusprechen."

Jan schaute auf seine Armbanduhr und erklärte geschäftsmäßig: „Ich habe zehn Minuten für dich, mehr ist nicht drin. Es gibt noch eine Menge für die Hochzeit zu tun."
Mit diesen Worten schloss er die Haustür hinter sich.
„Lass uns in den Garten gehen", schlug er vor. Adda folgte ihm. Sie gingen durch einen schmalen Gang, der auf der rechten Seite von einer grau verputzten Hauswand und auf der anderen Seite von hohen Rhododendronbüschen begrenzt wurde.
Am Ende des Ganges bot sich Adda ein weiter Blick in einen gepflegten Garten, den eine hohe Buchsbaumhecke umgab.
Jan steuerte einen runden Tisch mit zwei Stühlen an.
Bevor Adda sich setzte, schaute sie sich interessiert um.
„Schön habt ihr es hier."
Jan bestätigte ihre Feststellung mit einem kurzen Nicken, wartete bis sie sich gesetzt hatte und nahm ihr gegenüber Platz.
Sie strich mit der Hand über ihren Bauch und zeigte dann auf seinen.
„Du hast ein bisschen zugenommen. Gehst du nicht mehr ins Fitnessstudio?"
Jan schaute an sich herunter und schüttelte den Kopf.
„Keine Zeit. Mein Job als Autor und die Arbeit in der Bücherei lassen mir wenig Zeit dafür."
Adda holte tief Luft, drückte ihren Rücken durch und schlug mit gespielter Entschlossenheit die flache Hand auf die marmorne Tischplatte.
„So und morgen ist also der große Tag. Wer hätte das gedacht? Sie ist eine gute Partie. Dana von Wilkenstein. Nicht übel. Alter Landadel. Die Erbin von hunderten von Kühen und dem größten Molkereiunternehmen im ganzen Ammerland."
Adda verzog anerkennend den Mund.
Jan blieb stumm, fragte sich, was Addas Besuch zu bedeuten

hatte. Warum war sie gekommen? Für einen Höflichkeitsbesuch war sie nicht der Typ. Jan beschloss abzuwarten. Nach all dem Geplänkel würde sie über kurz oder lang schon auf den Punkt kommen.

„Und? Wollt ihr Kinder?"

„Wir werden sehen."

Adda machte große Augen.

„Oh, Kinder sind bestimmt etwas Wunderbares. Stell dir vor, du kannst mit ihnen in **Fridolins Spielparadies** gehen oder ins **Freilichtmuseum** und ihnen ein historisches Backhaus und alte landwirtschaftliche Geräte zu zeigen. Und anschließend macht ihr einen Spaziergang an der Aue."

Adda grinste verschmitzt.

„Und später, wenn sie erwachsen sind, nehmen sie ihren alten Vater mit zu einer Musikveranstaltung im **Alten Bullenstall**. Aber zunächst kommen die schreienden Babys, durchwachte Nächte, Kotze aus Babybrei auf dem Hemd und das Drama, wenn sie die ersten Zähne bekommen."

„Schon möglich", entgegnete Jan gleichgültig und holte tief Luft. „Du scheinst dich damit ja gut auszukennen. Hast du Kinder?"

Adda lachte laut auf.

„Ich und Kinder? Gott bewahre. Nein, ich will frei sein, das Leben genießen und mich nicht durch Kinder einzwängen lassen.

Noch kannst du dir es ja überlegen. Du könntest mit mir kommen und dann könnten wir einfach leben, ohne zu wissen, was der nächste Tag bringt."

Jan schüttelte grinsend den Kopf.

„Wenn ich dich nicht kennen würde, würde ich glauben, dass du mich veralbern willst. Aber du meinst es ernst. Für dich ist das kein Spaß. Aber für mich schon. Wir sind keine zwanzig mehr. Ich hoffe für dich, dass auch du eines Tages erwachsen wirst."

Adda hob gleichgültig die Schultern.
„Einen Versuch war es wert."
Sie wollte noch etwas hinzufügen, als ihr Blick zum Haus wanderte.
Jan folgte ihrem Blick.
„Wir werden beobachtet. Deine zukünftige Frau ist doch wohl nicht eifersüchtig?"
Auch Jan sah, wie sich die Gardine am Fenster leicht bewegte.
„Nein. Sie kennt dich nicht. Ich habe nie mit ihr über dich gesprochen. Es gab keinen Grund dazu."
„Ich habe mich als alte Freundin vorgestellt."
Jan nickte nur und schaute nervös auf die Uhr. Adda bemerkte seine Unruhe und fürchtete, dass er jeden Moment aufstehen und das Gespräch beenden würde.
„Hast du mich damals geliebt?"
Addas Frage blieb einen Augenblick unbeantwortet zwischen ihnen in der Luft. Als schwebte sie und könne sich nicht entscheiden, bis zu Jans Ohren vorzudringen.
Jan schaute sie an, stumm und eindringlich. Er spürte, wie ihre Frage plötzlich Erinnerungen ans Tageslicht brachte, die er doch für immer begraben hatte.
Warum kam sie ihm mit diesen alten Geschichten? Für was sollte es gut sein in der Vergangenheit herumzuwühlen? Aber wenn sie eine Antwort erwartete, dann sollte sie auch eine bekommen.
„Ich habe alles an dir geliebt. Unsere gemeinsame Wohnung in Bremen- Neustadt, unseren alten Opel, die erste gemeinsame Anschaffung. Mit dir durchs Leben zu gehen, schien die Erfüllung meiner Träume zu sein.
Ich habe damals geglaubt, ich könnte ohne dich nicht leben."
Adda sah ihn erstaunt an und strich sich eine Haarsträhne aus der Stirn.

„Was für ein Geständnis“, sagte sie und fügte kleinlaut hinzu: „Und doch bist du gegangen. Hast nach vier Jahren Schluss gemacht mit einem Zettel auf dem Küchentisch.“

Es war kein Vorwurf in ihrer Stimme, doch Jan sah sie mit zusammengekniffenen Augen an.

„Ja. Du weißt warum.“

Adda schaute zu dem Rosenstrauch, der neben der Terrasse an der Hauswand empor rankte, als wolle sie die blassrosa Blüten zählen.

Mit einem tiefen Seufzer wandte sie sich ihm wieder zu.

„Und…? Deine Dana von Wilkenstein ist nun die Erfüllung deiner Träume?“

„Sie hat jedenfalls noch nie in meiner Gegenwart mit fremden Männern geflirtet.“

Adda verdrehte die Augen, als fühle sie sich gekränkt.

Sie bemerkte, dass sie sich in die Defensive gebracht hatte.

Ihre Gelassenheit schien von ihr abzubröckeln wie alter Putz von einer Hauswand.

„Das mit den anderen Männern war doch nur Spielerei.“

„Bis einer dieser Männer in unserem gemeinsamen Hotelbett gelandet ist.“

Jan sprang von seinem Stuhl, beugte sich über den Tisch und sah ihr wütend in die Augen.

„Ich hatte mir vorgenommen, nur die schönen Momente unseres letzten gemeinsamen Urlaubs in Paris in Erinnerung zu behalten. Ich wollte mich nur daran erinnern, wie wir zusammen auf dem Eiffelturm standen und in diesem kleinen Café am Sacrè-Coeur de Montmartre einen Café au lait tranken und anschließend fast zwei Stunden im Jardin du Luxemburg verbrachten, fröhlich lachend, mit der Vorstellung, dass es niemals enden würde.“

Jan beugte sich zurück und ballte die Hände zu Fäusten.

Er musste sich beherrschen, nicht die Fassung zu verlieren. Dana konnte noch immer oben am Fenster stehen und sie beobachten.
„Warum bist du gekommen? Nur um nach zehn Jahren in alten Geschichten herumzuwühlen? Kränkt es dich, dass ich endlich eine Frau gefunden habe, die mit beiden Beinen fest auf dem Boden steht? Quält es dich, dass ich morgen heiraten werde, um eine Familie zu gründen?
Es tut mir leid, wenn du noch niemanden in deinem Leben gefunden hast. Aber vielleicht willst du das ja auch nicht.
Ich kann dich auch gern für einen Moment bedauern, wenn es das ist, was du willst."
„Tu nicht so erhaben. Dass steht dir nicht!", konterte Adda sichtlich getroffen.
Jan schaute auf die Uhr. Er wollte gerade erklären, dass ihre Zeit um sei, als oben ein Fenster geöffnet wurde.
„Schatz, denk an den Termin", rief Dana zu ihm herunter.
„Ja, ich komme!", rief Jan erleichtert zurück.
Adda erhob sich und ging durch den Gang zurück zur Straße. Jan folgte ihr. Doch mitten im Gehen blieb Adda plötzlich stehen und drehte sich zu ihm um. Jan musste stoppen, um nicht mit ihr zusammenzustoßen.
Er sah, wie sie einen gefalteten Umschlag aus der Handtasche zog.
„Wo wir gerade bei Erinnerungen sind. Ich habe dir noch ein paar mitgebracht, die du ganz sicher vergessen willst."
„Was ist in dem Umschlag?", wollte Jan wissen.
„Sieh nach!"
Als Adda bemerkte, dass er zögerte, erklärte sie mit einem hämischen Grinsen:
„Du kannst dich doch sicher noch an Louis La Tour erinnern, den jungen Mann, den wir an unserem letzten Abend in einer Cocktailbar kennengelernt haben. Wie hieß die Bar noch...?"

„Le Mimosa“, half Jan ihr auf die Sprünge, obwohl er annahm, dass sie nur so tat, als wäre ihr der Name entfallen.

Er konnte sich an den Abend erinnern. Der junge Mann hatte sich in der überfüllten Bar zu ihnen an den Tisch gesetzt. Er war amüsant und in ihrem Alter. Sie hatten sich gut unterhalten und es war reichlich Alkohol geflossen. Jan war nicht entgangen, wie Louis Adda den ganzen Abend mit schmachtenden Blicken angesehen hatte. Adda hatte geflirtet was das Zeug hielt und Louis ordentlich den Kopf verdreht.

Irgendwann war es ihm in der Bar zu stickig geworden. Er hatte erklärt, dass er zur Seine gehen wolle.

Nach einem ausgiebigen Spaziergang am Flussufer entlang war er nicht mehr in die Bar zurückgegangen, sondern zurück ins Hotel. Als er das Zimmer betrat, hörte er Addas Lachen. Er öffnete die Schlafzimmertür und sah Adda, wie sie sich mit Louis vergnügte. Unfähig etwas zu sagen, nicht in der Lage, sich zu bewegen, stand er wie ein Trottel in der Tür und starrte auf das Bett. Auf einem der Nachtschränke sah er zwei halb gerauchte Joints.

Völlig bekifft liebten sich Adda und Louis. Mit einem Räuspern versuchte Jan sich bemerkbar zu machen, doch es dauerte einen Moment, bis Louis ihn mit rot unterlaufenen Augen ansah und wie von der Tarantel gestochen aus dem Bett sprang. Fast in einer Bewegung, als wäre er nicht zum ersten Mal in dieser Situation, hatte er mit wenigen Handgriffen seine Sachen zusammengesucht und war aus dem Zimmer gerannt.

Adda hatte gelacht und mit dem Finger auf ihn gezeigt.

„Willst du hier weiter wie ein Schlappschwanz herumstehen? Sei ein Mann. Los! Renn ihm hinterher!“

Jan war hinter Louis her gerannt, dessen Zimmer drei Türen weiter auf dem gleichen Flur lag.

Bis heute wusste er nicht, warum er das getan hatte. Louis war zugekifft, nicht in der Lage überhaupt einen klaren Gedanken zu fassen.
Vielleicht hatte es an Adda gelegen, die Art, wie sie ständig lachte und sich ihm an den Hals werfen wollte.
Adda war ihm in Louis Zimmer gefolgt und blieb dicht hinter ihm stehen.
Louis stand wie ein Boxer, der schon zwei ordentliche Treffer abbekommen hatte, schwankend im Zimmer.
Er schien auf ihn gewartet zu haben.

Addas Stimme riss ihn aus seinen Erinnerungen.
„Nun mach schon. Schau dir die Bilder ruhig an."
„Bilder?" Jan sah sie fragend an. Er riss den Umschlag auf und holte ein paar Fotos hervor. Während er sie sich ansah, sagte sie: „Erinnerst du dich? Louis wollte sich damals in seinem Zimmer unbedingt mit dir prügeln. Es war ein Bild für die Götter. Und ich habe die ganze Sache mit meinem Handy gefilmt.
Du bist seinen Faustschlägen immer ausgewichen. Dabei war er so fertig, er hätte keiner Fliege etwas zu leide tun können, doch dann..."
Adda zeigte auf die Fotos, die Jan in den Händen hielt und eingehend betrachtete.
„Wenn du genau hinsiehst, sieht es so aus, als hättest du ihm einen Kinnhaken verpasst. Aber nur du und ich wissen, dass er dir entgegen gekippt ist und dann ganz plötzlich, ist er nach hinten gefallen. Du wolltest ihn noch vor dem Hinfallen bewahren, doch da war es schon zu spät."
Adda verzog entschuldigend den Mund.
„Siehst du, wie Bilder lügen können. Auf ihnen sieht es so aus, als hättest du ihm eine verpasst worauf hin er nach hinten gefallen

und direkt mit dem Hinterkopf auf der Tischplatte aufgekommen ist."
„Ich habe ihn überhaupt nicht berührt. Er ist wie ein nasser Sack nach hinten gekippt und hat sich die tödliche Verletzung am Kopf selbst zugefügt."
„Du weißt das. Ich weiß das. Aber die Bilder sprechen da eine ganz andere Sprache. Zumindestens würden beim Betrachter der Bilder eine Menge Fragen aufkommen."
Adda holte tief Luft.
„Wir hätten damals vielleicht doch die Polizei und den Krankenwagen rufen sollen. Aber soweit ich weiß, warst du es, der mich am Arm aus dem Zimmer gezogen hat.
Ich erinnere mich, dass wir noch vor dem Frühstück aus dem Hotel ausgecheckt haben.
Und als sich ein paar Wochen später die Polizei mit uns in Verbindung gesetzt hat, haben wir behauptet, ihn nur einmal in dieser Bar gesehen zu haben und dann nie wieder.
Die Polizei hat uns geglaubt. Mit diesen Bildern allerdings...."
Jan schaute sie entsetzt an und steckte die Fotos zurück in den Umschlag.
„Willst du mich erpressen, oder was bezweckst du mit diesen Bildern?"
„Erpressen? Nein, ich will kein Geld von dir."
„Was willst du dann?"
Er gab Adda den Umschlag mit den Bildern zurück.
Während sie ihn in ihre Tasche steckte, fragte sie unvermittelt:
„Wusstest du, dass es diesen Spruch, den man immer in den amerikanischen Liebesfilmen hört, wenn das Paar sich am Ende bekommt und vorm Altar steht, nur noch in Nordamerika gibt? Dabei hatte ich mir ausgemalt, wie es wäre, wenn ich morgen bei eurer Trauung aus der hinteren Reihe: „Ich habe einen Grund!", rufen würde."

„Was für einen Spruch?“
„Ach den kennst du. Er lautet in etwa so:
Wenn jemand einen gerechtfertigten Grund vorbringen kann, warum dieses Paar nicht vor Gott vereint werden soll, der möge jetzt sprechen oder von nun an für immer schweigen.“
Adda winkte ab und grinste.
„Aber ich muss gestehen, dass das sogar für mich viel zu melodramatisch wäre.
Ich könnte eine weitere Kopie der Bilder hübsch einpacken und sie deiner Braut überreichen, bevor sie mit dir morgen das Standesamt betritt.
Und wo ich dann schon mal da bin, kann ich deinen Schwiegereltern auch einen Umschlag überreichen. Natürlich nicht eingepackt, sie sind ja nur die Brauteltern.
Könnte mir vorstellen, dass sie ein paar Fragen an dich hätten und sich der Beginn der standesamtlichen Trauung nach hinten verschieben würde. Wenn die Trauung am Ende nicht ....“
Adda hob entschuldigend beide Hände.
„Aber an so etwas mag lieber keiner denken.“
Mit diesen Worten drehte Adda sich um, hob winkend den Arm und steuerte auf einen blauen Opel Corsa zu, der am Straßenrand parkte.
Jan drehte sich weg und glaubte, wenn er sie nicht mehr sähe, könne er das Gespräch ungeschehen machen. Natürlich war diese Vorstellung kindisch. Das wusste er ganz genau. Und dennoch war er erleichtert und spürte, wie die Anspannung von seinem Körper fiel, als Adda verschwunden war.
Als er sich Dana näherte, die ungeduldig auf ihn wartete, fragte sie ihn:
„Und, hattet ihr ein nettes Wiedersehen?
„Wie das so ist, wenn man sich eine Ewigkeit nicht mehr gesehen hat. Adda und ich sind früher in die gleiche Schule gegangen.“

Dana nickte und ließ ihm seine Lüge durchgehen.
„Wird sie morgen bei der Feier dabei sein? Ich müsste dann noch ein Tischkärtchen mehr besorgen."
„Ich weiß nicht. Ich glaube, sie war sich noch nicht ganz sicher."

Freizeittipps

ST. NIKOLAI KIRCHE
Hauptstraße 38, 26188 Edewecht

Der Ursprung der Kirche scheint bis auf das 13./14. Jahrhundert zurückzugehen.
Die Friedhofsmauer, direkt an der Durchgangsstraße in Edewecht gelegen, besteht bereits seit 300 Jahren.
Der freistehende, hölzerne Turm ging in den Wirren des zweiten Weltkrieges in Flammen auf. Im Jahre 1950 wurde der Grundstein für einen neuen Turm gelegt.
Weitere Informationen unter:
Kirchengemeinde: Tel.: 04405 / 7011

FRIEDOLINS SPIELPARADIES
Am Ortsrand 2, 26188 Edewecht / Friedrichsfehn

Großer Spaß für Kinder ist in diesem Spielparadies garantiert. Zu den Attraktionen gehören die Riesenrutsche, der Wabbelberg, das Trampolin oder das Fußballfeld. Unzählige Spielgeräte und Spieltische sowie die Möglichkeit, Kicker,

Billard oder eine Runde auf der Go-Kart-Bahn zu drehen, garantieren einen unbeschwerten Aufenthalt.

Öffnungszeiten:

Montag bis Freitag	von 14:00 Uhr bis 19:00 Uhr
Samstag und Sonntag	von 10:00 Uhr bis 19:00 Uhr

Weitere Informationen unter: Tel.: 04486 / 915791

❍ FREILICHTMUSEUM „TOLLHUS UP'N WURNBARG"

Wittenberger Straße 14, 26188 Edewecht

Am Flusslauf der Aue befindet sich das ehemalige Zollhaus, eine Bleicherhütte und das Backhaus.

Das Museum beherbergt zahlreiche Geräte aus der Geschichte der ammerländer Landwirtschaft.

Führungen nur auf Anfrage.

Weitere Informationen unter: Tel.: 04405 / 6965

❍ JAZZ – TAGE IM ALTEN BULLENSTALL

Hof zu Jeddeloh – Alter Bullenstall
Wischenstraße 9, 26188 Jeddeloh I

Einmal im Jahr, an einem Wochenende im September, erklingt im Alten Bullenstall auf dem Hof zu Jeddeloh, Jazzmusik für Jung und Alt. Das Veranstaltungsforum Edewecht sorgt an beiden Tagen für das leibliche Wohl der Gäste.

Einlass:	19:30 Uhr
Beginn:	20:00 Uhr
Eintritt:	10 €

Weitere Informationen unter:

Kulturbüro Edewecht

Rathausstraße 7

26188 Edewecht

Tel.: 04405 / 916180

Eine Lehre fürs Leben

(Für Hiltraud)

Mein Name ist Hauke Carstens. Vielleicht haben Sie schon einmal einen Roman von mir in den Händen gehalten oder eine Rezension über eines meiner unzähligen Bücher gelesen.
Wenn nicht, auch nicht schlimm. Und wenn Sie nun glauben, dass ich mich bei ihnen anbiedern oder gar Werbung für eines meiner Bücher machen will, dann liegen Sie falsch.
Ich möchte nur eines tun, nämlich das, was ich am Besten kann. Ihnen eine Geschichte erzählen.
In den zurückliegenden Jahren meines Lebens bin ich bei Interviews für Zeitungen, fürs Radio oder in Talkshows oft gefragt worden, was mein Erfolgsgeheimnis sei. Eine Frage, die man erfolgreichen Menschen stellt.
Es schien meinen Gesprächspartnern suspekt, dass es ihnen nie so recht gelang, mich in eine vorgefertigte Schublade stecken zu können. Es bereitete ihnen Kopfzerbrechen, dass nicht nur meine Krimis, sondern auch meine Romane und Jugendbücher regelmäßig die Bestsellerlisten empor klettern. Weshalb buhlten neben Prominenz aus Film und Fernehen, auch Größen aus Politik und Wirtschaft darum, mit mir gesehen zu werden und für meine Bücher Werbung zu machen?
So manch verzweifelter Analyst mutmaßte, ich hätte ein Netzwerk mafiöser Struktur um mich gewoben. Würde Menschen bestechen, um regelmäßig in Funk und Fernsehen auftreten zu dürfen.
All diese Mutmaßungen zauberten mir stets ein müdes Lächeln ins Gesicht. Es ärgerte sie, dass ich mir nicht in die Karten schauen ließ.
Dabei gibt es kein Geheimnis. Sehr früh hatte mich das Leben eines gelehrt und danach habe ich mich immer gerichtet:

*

Ich war vierzehn Jahre alt, wohnte mit meiner Mutter, Gott hab sie selig, in einem kleinen Reihenhaus im Jüchterweg in Edewecht und besuchte die siebte Klasse der Edewechter Oberschule.

Mein Vater war kurz nach meiner Geburt bei einem Verkehrsunfall gestorben. Er hatte meiner Mutter so viel Geld hinterlassen, dass sie mich sorgenfrei alleine großziehen konnte.

Jener Tag, mit dem ich meine Geschichte beginnen möchte, war ein schwüler Junitag. Alle Fenster des Klassenzimmers standen offen und obwohl es bereits zur ersten Stunde geläutet hatte, standen meine Mitschüler in kleinen Gruppen zusammen und unterhielten sich lebhaft.

Einzig Aleyna stand allein über den Papierkorb neben dem Lehrertisch gebeugt und spitzte ihre Bleistifte.

Aleyna war ein kleines, pummeliges Mädchen. Sie hatte langes, rotes Haar und ihr Gesicht war übersät mit Sommersprossen.

Die Mädchen in unserer Klasse umgaben sich gern mit ihr, doch Aleyna schien nicht zu merken, dass sie sie nur duldeten, weil neben ihr jedes Mädchen gertenschlank aussah. Sie belächelten Aleynas Hang zu Süßigkeiten und steckten ihr Bonbons und Kuchen zu, als Zeichen ihrer angeblichen Freundschaft. Aleyna dankte es ihnen, in dem sie den ein oder anderen Botengang für eine der Mitschülerinnen erledigte.

Doch diese Dinge waren belanglos, gegenüber den Hänseleien, die Aleyna durch Thore erdulden musste.

Er saß hinter ihr und ärgerte sie, wann immer unser Klassenlehrer Herr Ehmken uns den Rücken zu wandte und etwas an die Tafel schrieb.

Thore war ein großer, hochgeschossener Junge mit breiten Schultern. Keiner der Jungs wollte ihm in die Quere kommen.

Allerdings scharrte Thore keinen der anderen Jungs um sich. Er war nicht der Typ für einen Rudelführers und so konnte keiner in der Klasse vor ihm sicher sein.
Allerdings hatte er es seit Wochen auf Aleyna abgesehen und so war es nicht verwunderlich, dass er im selben Augenblick den Papierkorb mit dem Fuß umstieß, in dem Herr Ehmken den Raum betrat.
Flink hatte Aleyna den Papierkorb wieder aufgestellt und begann den verstreuten Inhalt hineinzuwerfen.
„Na wenigstens einer, der hier mal für Ordnung sorgt!“, wandte Herr Ehmken sich an sie und begrüßte kurz darauf die Klasse.
„Moin. Wie ihr euch denken könnt, habe ich eure korrigierten Mathematikarbeiten dabei.“
Ein Raunen ging durch die Klasse, während ich nur grinste.
Ich gehörte nicht zu den Besten in der Klasse, sondern befand mich eher im Mittelfeld und einer der Gründe dafür war das Fach Mathematik. Ein Fach, das ich hasste. Ich war mir sicher, dass ich mal wieder die schlechteste Klausur geschrieben hatte. Sogar Thore, der im Unterricht alles andere tat, als sich auf den Unterricht zu konzentrieren, war besser als ich.
Plötzlich wurde es in der Klasse still. Ich horchte auf, war ich doch mit meinen Gedanken ganz woanders gewesen. Was hatte ich verpasst?
Zum Glück verkündete Herr Ehmken noch einmal die wundersame Neuigkeit.
„Ja, da staunt ihr was? Zwei von euch haben eine Eins geschrieben und einer davon sogar mit null Fehlern.
Er sah zu Caroline hinüber, der Klassenbesten. Sie lächelte Herrn Ehmken an, als dieser an ihren Tisch trat und die Arbeit anerkennend vor ihr ablegte.
„Gut gemacht, Caroline. Ich gratuliere dir zur Eins.“

Keiner von uns war davon überrascht. Doch als Herr Ehmken hinzufügte:
„Allerdings mit einem Fehler!“, wurde sogar Thore hellhörig, der gerade irgendetwas mit einem Stift auf die Tischkante kritzelte.
Ich sah wie Carolines Gesicht sich rötete, als hätte man sie auf die Wange geschlagen.
Sie schaute Herrn Ehmken nach und starrte auf Aleyna, als er vor ihrem Platz stehen blieb.
„Großes Lob Aleyna. Null Fehler. Die beste Arbeit.“
Caroline machte große Augen und sah zu Thore hinüber, von dem sie sich wohl eine hämische Bemerkung über Aleynas Streberarbeit erhoffte. Doch Thore hob nur gleichgültig die Schultern und grinste sie schief an.
Nachdem Herr Ehmken mir zum Schluss die Arbeit mit der einzigen Fünf gegeben hatte (Thore hatte eine vier bekommen), ließ er uns für den Rest der Stunde ein Kapitel im Mathematikbuch durcharbeiten.
Der Einzige, der jedoch etwas anderes im Sinn hatte, als der Anweisung unseres Klassenlehrers Folge zu leisten, war Thore.
Es pikste Aleyna mit einem Bleistift in den Rücken und flüsterte: „Streberin, du alte Streberin. Ein blindes Huhn findet wohl auch mal ein Korn, was?“
Aleyna drehte sich mehrfach um und sah ihn böse an. Wortlos schlug sie mit der Hand nach ihm, doch er wich ihr geschickt aus.
„Aleyna, bitte. Konzentriere dich auf die Aufgaben und albere nicht herum“, hörte ich Herrn Ehmken sagen.
Ich holte tief Luft. Warum bot nicht endlich mal jemand diesem Thore Einhalt? Ständig kam er mit seinen Sticheleien davon. Manchmal hatte ich schon den Verdacht, dass mein Klassenlehrer absichtlich über Thores rüpelhaftes Verhalten hinwegsah. Doch seit Wochen ging dies auf Aleynas Kosten.

Es war Zeit, dass Thore auch einmal vorgeführt wurde. Und plötzlich hatte ich eine Idee.

Als das Klingelzeichen zur Pause ertönte, stürmten alle aus dem Klassenzimmer. Beim Hinausgehen versteckte ich mich unbemerkt hinter der geöffneten Klassenzimmertür und wartete, bis der Letzte das Zimmer verlassen hatte.
Als ich hervor kommen wollte, bemerkte ich Thore, der sich noch immer im Raum aufhielt. Ich wunderte mich, denn er war stets der Erste, der in die Pause verschwand.
Er hatte mich nicht bemerkt und ich achtete darauf, dass das auch so blieb. Trotz allem behielt ich ihn im Auge und was ich dann sah, verschlug mir fast den Atem. Er war dabei Aleyna eine Falle zu stellen.

Die zweite Mathematikstunde hatte kaum angefangen, als Thore plötzlich von seinem Sitz aufsprang, sich zu Aleyna umdrehte und schrie:
„Gib ihn mir zurück, aber plötzlich!"
Aleyna sah ihn verwirrt an.
„Was soll ich dir zurückgeben? Ich habe nichts von dir."
„Ha. Du bist eine Lügnerin!"
Thores Wutausbruch brachte nun auch unseren Klassenlehrer auf den Plan. Er ging zu Thore und sah ihn fragend an.
„Was ist denn hier los?"
Als würde er über sie richten, zeigte Thore mit ausgestreckter Hand auf sie.
„Sie hat mir meinen silbernen Füllfederhalter gestohlen, den mir mein Vater zum Geburtstag geschenkt hat."
„Wann soll ich das denn getan haben?", fragte Aleyna verschreckt.

„Na in der Pause! Vorhin hatte ich ihn noch. Du hast ihn sicher irgendwo in deinen Sachen versteckt.“
Herr Ehmken schaute abwechselnd zu Aleyna und Thore, bis sein Blick bei ihr hängen blieb.
„Aleyna? Stimmt das?“
Aleyna schüttelte den Kopf. Entschlossen hob sie ihre Tasche vom Boden auf und knallte sie wütend auf den Tisch.
„Darf ich?“, fragte Herr Ehmken und Aleyna erlaubte ihm, in ihrer Tasche nach dem Füllfederhalter zu suchen.
Es wunderte mich überhaupt nicht, als ich sah, wie Herr Ehmken aus den Tiefen der Tasche den Füllfederhalter zum Vorschein brachte. Natürlich beteuerte Aleyna ihre Unschuld. Erklärte, dass sie sich nicht erklären könne, wie er dort hineingelangt sei. Thore beteuerte seinerseits, dass sie ihn ihm in der Pause gestohlen habe.
Was dann geschah, war mehr als ich erwartet hatte.
Caroline stand plötzlich auf, suchte kurz den Blickkontakt zu Thore und dann erklärte sie mit fester Überzeugung:
„Thore hat recht. Ich habe gesehen, wie Aleyna den Füllfederhalter eingesteckt hat.“
Herr Ehmken wandte sich mit ernstem Blick an Caroline.
„Du hast es gesehen?“ Herr Ehmken schien Zweifel an ihrer Bemerkung zu haben.
Doch Caroline behauptete, dass sie in der Pause noch einmal zurückgegangen sei, weil sie ihren Apfel vergessen hatte. Von der offen stehenden Klassentür aus habe sie beobachtet, wie Aleyna in Thores Tasche herum gewühlt habe.
Während Herr Ehmken Aleyna dazu zwang, sich bei Thore zu entschuldigen und ihm versprechen musste, dass so etwas nicht noch einmal vorkommen würde, sagte er Aleyna zu, es für dieses Mal bei einer mündlichen Verwarnung zu belassen.

Aleyna brach in Tränen aus. Immer wieder beteuerte sie ihre Unschuld, doch die Aussage von Caroline ließ jede Äußerung wie die falschen Worte einer überführten Diebin erscheinen.
Für mich war klar, das anfängliche Kräfteverhältnis von 1:1 hatte sich auf 2:1 gegen sie verschoben, weil Aleyna das Pech gehabt hatte, eine Arbeit mit null Punkten zu schreiben. Damit hatte sie Caroline, die ungekrönte Streberkönigin, kurzfristig von ihrem Thron gestoßen, etwas, dass sie sich nicht einfach so gefallen ließ.

Als ich mich nach der Schule auf den Heimweg machen wollte, hörte ich Herrn Ehmken rufen:
„Hauke, warte mal!“
Ich fragte mich, warum er nicht wie sonst zu seinem Fahrrad ging, um nach Hause zu fahren. Was wollte er von mir?
„Sag mal Hauke, was hältst du davon, wenn ich mit dir heute und morgen Nachmittag noch einmal die Mathematikarbeit durchgehe? Auch wenn ich dir eine Fünf geben musste, weiß ich, dass du nicht dumm bist. Die meisten Fehler sind Flüchtigkeitsfehler.“
Während er das sagte, lief er neben mir her, da ich nicht stehen geblieben war.
Herr Ehmken wohnte nicht nur in der gleichen Straße wie ich, sondern direkt im Reihenhaus nebenan. Dennoch war es noch nie vorgekommen, dass wir gemeinsam nach der Schule nach Hause gegangen waren.
„Von mir aus“, sagte ich gleichgültig. „Aber erst nach dem Mittagessen.“
„Klar, komm einfach rüber, wenn du Zeit hast.“
Er lief weiter neben mir her und ich überlegte krampfhaft, wie ich die Stille zwischen uns durchbrechen konnte.

Ich überlegte, ob ich ihn noch einmal auf den Zwischenfall im Unterricht ansprechen sollte. Ich wusste nicht, was er wirklich von Thores Auftritt hielt.

„Als Sie den Füllfederhalter aus Aleynas Tasche genommen haben, haben Sie einen untersuchungstechnischen Fehler begangen. Sie hätten nicht ihre Hand, sondern ein Taschentuch oder so etwas benutzen müssen“, durchbrach ich die Stille und blieb stehen.

Herr Ehmken runzelte die Stirn.

„Worauf willst du hinaus?“

„Ich will darauf hinaus, dass wenn Sie den Füllfederhalter auf Fingerabdrücke hin hätten untersuchen lassen, nur Thores darauf gefunden worden wären.“

„Was sagst du denn da? Das war doch kein Fall für die Polizei. So etwas kann man auch anders regeln. Ich glaube, du schaust zu viele Kriminalfilme. Da muss ich wohl mal mit deiner Mutter reden“, sagte er grinsend.

Natürlich wusste ich, dass er sich niemals in die Erziehung meiner Mutter einmischen würde. Ab und und zu hielten meine Mutter und er ein Schwätzchen auf der Straße. Als Frau Ehmken letztes Jahr zur Kur war, hatte meine Mutter dafür gesorgt, dass ich ihm täglich ein warmes Essen hinüberbrachte, weil er ihr mal gestanden hatte, dass er vieles könne, doch Kochen würde nicht dazu gehören.

Außerdem hatte Herr Ehmken sicher im Moment ganz andere Sorgen. Seit einigen Wochen hörte ich die beiden ständig nachts streiten. Das Schlafzimmer der Ehmkes schien hinter der Wand meines Zimmers zu liegen.

Die Klingel eines Fahrradfahrers, der glaubte, ihm gehöre der Fußweg, holte mich aus meinen Gedanken.

Noch immer schaute mich Herr Ehmken an, doch das Grinsen war aus seinem Gesicht verschwunden.

„Willst du mir etwas sagen?“
„Ja. Thore hat Aleyna reingelegt. Ich stand in der Pause hinter der Tür, wollte Thore eins auswischen. Möglicherweise die Schrauben von seiner Tischplatte lockern, damit er sie auf die Füße bekommt.“
Herr Ehmken schnappte nach Luft, ersparte sich jedoch einen Kommentar.
„Es wird Zeit, dass Thore mal in die Schranken gewiesen wird.“, forderte ich
„Wie meinst du das?“.
„Ich stand hinter der Tür und beobachtete, wie er seinen Füllfederhalter in Aleynas Tasche steckte. Und Caroline....?
Die war in der Pause nicht im Klassenzimmer. Sie ist Thore nur zu Hilfe gekommen, weil sie sauer auf Aleyna war, weil die ihr mit der fehlerfreien Arbeit die Show gestohlen hat.“
Ich setzte mich wieder in Bewegung, wollte nicht zu spät zum Mittagessen kommen. Herr Ehmken blieb an meiner Seite.
„Und warum hast du nichts gesagt?“
„Weil es dann wieder ein Unentschieden gewesen wäre. Zwei gegen Zwei. Und wem glaubt man wohl eher? Mir und Aleyna oder der Klassenbesten und dem Sohn eines der größten Bauunternehmer des Ammerlandes. Sein Vater will sich nächstes Jahr sogar als Bürgermeisterkandidat aufstellen lassen.“
„Aber...“
„Nichts aber!“, schnitt ich meinem Lehrer das Wort ab. So läuft das nun mal. Es geht nicht immer um Gerechtigkeit.“
Das letzte Stück des Weges gingen wir schweigend nebeneinander her. Erst als wir vor meinem Haus stehen blieben, verabschiedeten wir uns und ich versprach, in spätestens einer Stunde zu ihm herüber zu kommen. Viel lieber wäre ich ins **Bad am Stadion** gegangen oder mit dem Fahrrad zu **Barbaras He-**

xengarten gefahren, um mir dort eine leckere Kräuterlimonade zu holen.

Als ich nach drei Stunden das Haus meines Lehrers verließ, schwirrte mir der Kopf von all den Zahlen, mit denen mich Herr Ehmken in seiner Küche am Küchentisch gequält hatte.
Ich hatte scheinbar alles über den einfachen und zusammengesetzten Dreisatz erfahren.
Am nächsten Tag zur gleichen Zeit, als ich erneut Herrn Ehmken zum Lernen einen Besuch abstattete, passierte etwas Merkwürdiges.
Nachdem Frau Ehmken mich wie immer begrüßt hatte, zog sie sich zurück. Und als ich mit den Zahlen zu kämpfen begann, vernahm ich ein komisches Geräusch aus dem Obergeschoss.
„Meine Frau macht Meditation“, erklärte mein Lehrer.
Als ich immer noch komisch dreinschaute, fuhr er fort:
„Das sind Übungen, bei dem der Verstand von Belastungen gereinigt wird, damit Geist, Körper und Seele als Einheit handeln können.“
„Ich habe kein Wort verstanden“, gab ich unumwunden zu und fragte:
„Ist das wichtig fürs Leben?“
„Für mich nicht“, gab Herr Ehmken zu. „Aber für meine Frau schon.“
Er beugte sich zu mir, schaute kurz zur Treppe und flüsterte:
„Weißt du, meine Frau hat Angst davor, alt zu werden. Sie will mit diesen ganzen Sachen das Alter aufhalte. Ewig jung bleiben.“
„Aber jeder wird doch alt, ob er will oder nicht!“
Herr Ehmken nickte und fügte ernst hinzu:
„Sie sieht nicht ein, dass sie damit nur ihre Zeit vergeudet und meine leider auch.“

„Dann packen Sie doch ihre Sachen und gehen."
Ich sagte ihm nicht, dass ich sie öfter streiten gehört hatte oder, dass ich bemerkt hatte, dass er oft müde und mit dunklen Rändern unter den Augen in die Schule kam.
„So einfach ist das nicht. Das verstehst du noch nicht."
Herr Ehmken schaute mich nachdenklich an und ich nutzte die Gelegenheit, aufzubrechen.
Auf dem Heimweg wanderten meine Gedanken wieder zu Thore. Ich musste endlich einen Weg finden, ihm das Handwerk zu legen.

*

Ein paar Wochen nach dem Vorfall mit dem Füllfederhalter, lag ich mal wieder grübelnd in meinem Bett und konnte nicht einschlafen.
Ich schaute auf den Vitrinenschrank, in dessen Glas sich das Licht des Vollmondes spiegelte.
In den letzten Wochen hatte ich Thore nicht aus den Augen gelassen. Oft war ich ihm nach der Schule gefolgt, um herauszufinden, was er so machte und wie er tickte. Nur so konnte ich ihn über kurz oder lang zu Fall bringen.
Ich hatte bis jetzt keine Schwäche gefunden, jedoch eine regelmäßige Angewohnheit, die ich, wenn ich es geschickt anstellte, gegen ihn verwenden konnte.
Aleynas Ansehen in der Klasse hatte sich nicht verbessert. Thore ließ sie im Augenblick in Ruhe, schien den Triumph auszukosten, dass, wenn auch nicht alle Mitschüler, einige sie tatsächlich für eine Diebin hielten.
Noch immer war ich froh, dass ich mich an jenem Tag nicht auf Aleynas Seite gestellt hatte. Nicht weil ich feige wäre, sondern

aus einer Überzeugung heraus. Ich wollte mich nicht offen gegen ihn stellen, denn Thore sollte seinen Gegenspieler erst erkennen, wenn es bereits zu spät für ihn war.
Ein leises metallisches Geräusch ließ mich aufhorchen.
Ich ging zum Fenster, schob die Gardine ein wenig zur Seite und öffnete das Fenster.
Dann beugte ich mich ein Stück hinaus und sah Herrn Ehmken in seinem Garten. Obwohl der Vollmond den Garten erhellte, wunderte ich mich, dass die Terrassenbeleuchtung nicht wie gewöhnlich anging. Vielleicht war sie defekt, dachte ich so bei mir, bis mir auffiel, dass er sich merkwürdig verhielt. Ich sah, wie er eine Leiter an den großen Kirchbaum stellte, dessen Äste bis hinüber in unseren Garten reichten. Dann ging er zurück zur Terrasse und verschwand aus meinem Blickfeld. Neugierig blieb ich stehen. Auch wenn ich nicht wusste, was er da trieb, wollte ich mir doch nichts entgehen lassen.
Wenig später kletterte er die Leiter nach oben. Erst jetzt erkannte ich, dass er Mietzi, die braun-weiß-getigerte Katze seiner Frau unterm Arm geklemmt hielt. Sie schien verängstigt, doch traute sie sich nicht, sich aus seiner festen Umklammerung zu befreien.
Als Herr Ehmken die oberste Leitersprosse erreicht hatte, stellte er die Katze wie ein Dekorationsstück auf einem schmalen Ast ab. Dann beeilte er sich nach unten zu steigen und nahm die Leiter vom Baum, um sie gegen die Hauswand zu stellen.
Wieder entschwand er aus meinem Blickfeld, doch diesmal reckte ich mich noch ein wenig mehr aus dem Fenster.
Noch bevor ich Herrn Ehmken sah, roch ich etwas. Ich versuchte den Geruch zuzuordnen, doch es gelang mir nicht. Er schien die obersten Stufen der Leiter mit der Substanz einzureiben. In meinem Kopf kreisten die Gedanken. Was sollte das Ganze? Ich verstand das alles nicht.

Warum hatte er die Katze in den Baum gebracht, die nun leise vor sich hin maunzte? Mit der Zeit wurde es immer lauter und eindringlicher. Herr Ehmken verschwand so schnell aus dem Garten wie er gekommen war.

Ich blieb reglos am Fenster stehen und versuchte eine Erklärung zu finden. Nun konnte ich erst recht nicht schlafen. Neugier und Spannung wechselten sich ab.

Es verging keine halbe Stunde, da sah ich erneut einen Schatten im Garten. Doch diesmal war es nicht mein Lehrer, sondern seine Frau.

Sie stand unschlüssig vor dem Kirschbaum und schaute hinauf ins Geäst. Sie musste ihre Katze entdeckt haben, denn immer wieder rief sie ihr beruhigende Worte zu.

„Ich komm dich holen. Bleib schön da!“, hörte ich sie sagen. Und ein paar Minuten später stellte Frau Ehmken die Leiter an den Kirschbaum und stieg die Sprossen nach oben, um ihre Katze aus der misslichen Lage zu befreien.

Als sie die vorletzte Sprosse erreichte, vernahm ich einen Aufschrei. Frau Ehmken verlor den Halt und kippte nach hinten. Noch im Sturz riss sie die Hände in die Luft, als hoffte sie, sich an einem der Äste festhalten zu können, doch ihr Griff ging ins Leere.

Erst in diesem Moment begriff ich. Sie hatte nicht das Gleichgewicht verloren, sie war abgerutscht.

Jetzt wusste ich auch, was ich gerochen hatte. Schmierseife. Die gleiche Schmierseife, die meine Mutter zum Reinigen benutzte.

Miezi nutzte die Gelegenheit und kletterte vorsichtig die Leiter nach unten.

Frau Ehmken lag reglos im Gras unter dem Baum und mir wurde plötzlich klar, dass ich nicht länger als stiller Beobachter am Fenster stehen konnte.

Ich wollte gerade loslaufen, um Hilfe zu holen, als Herr Ehmken auf der Bildfläche erschien. Er ging zu seiner Frau hockte sich hin und ich sah, wie er ihren Puls am Hals überprüfte.
Dann ging er zur Leiter und machte Anstalten, sie auf den Rasen legen zu wollen.
Entsetzt rief ich, ohne die Nachbarn oder meine Mutter zu wecken, ein „NEIN!“ nach unten. Er schien meine Worte gehört zu haben und schaute sich um. Ich verschwand vom Fenster und rannte nach unten. Ohne lange darüber nachzudenken, lief ich zum Rand der Hecke, die die beiden Gärten trennte und stapfte Herrn Ehmken barfuß und in einem dünnen Schlafanzug entgegen.
Er schrack zusammen, als er mich sah. Dann setzte er zu einer Erklärung an, doch ich schüttelte nur den Kopf, gab ihm zu verstehen, dass er mir gegenüber keine Rechenschaft ablegen musste.
„Ich habe gesehen, wie sie die Leiter auf den Rasen legen wollten. Das Dümmste, was Sie tun können. Wenn ich mich nicht täusche, befindet sich an den obersten beiden Sprossen Schmierseife.“
Herr Ehmken nickte nur stumm und sah mich mit schreckgeweiteten Augen an.
„Wir müssen die Leitern austauschen. In unserem Schuppen steht auch so eine. Es sollte so wenig Seife wie möglich auf den Rasen kommen.“
Ich schaute zur Terrasse.
„Wenn sie schlau sind, dann wischen sie die Terrasse mit Schmierseife, damit sie eventuelle Spuren im Garten erklären können.“
Mein Blick fiel auf Frau Ehmken, die noch immer leblos auf dem Rasen lag.
„Ziehen Sie ihrer Frau die Pantoffeln aus und ersetzen sie diese durch andere Schuhe, wegen der Schmierseife, die an den Sohlen haftet.“

Herr Ehmken schaute mich weiterhin ungläubig und mit großen Augen an. Er konnte nach all dem, was er getan hatte, nicht glauben, dass ihm einer seiner Schüler beim Vertuschen eines Verbrechens behilflich sein wollte.

Erst als ich ihm einen leichten Tritt vors Schienbein gab, löste er sich aus seiner Erstarrung und folgte meinen Anweisungen wie ein Roboter.

Eine halbe Stunde später war alles so hergerichtet, dass Herr Ehmken endlich den Krankenwagen und die Polizei rufen konnte. Bis diese eintrafen, würde er genug Zeit haben, um sich in die Rolle des trauernden Ehemannes zu versetzen.

Ich lief zurück in mein Zimmer und kroch wenig später unter die Bettdecke.

Wenig später vernahm ich das Eintreffen des Rettungswagens und der Polizei nur am Rande, denn ich hatte das Fenster geschlossen und mir die Decke über den Kopf gezogen.

Etwa zwei Monate später, es war die erste Ferienwoche im August, begann das Interesse an dem unglücklichen Sturz der Ehefrau meines Lehrers nachzulassen. Meine Mutter, die nicht ahnen konnte, wie sehr ich bei der Vertuschung der Straftat beteiligt gewesen war, hatte sich Herrn Ehmken angenommen und ihn in seiner Trauer beigestanden. Ich nahm eher an, dass seine vergossenen Tränen auch Freudentränen gewesen waren. Endlich wurde er wieder von einer Frau mit gut schmeckendem Essen verwöhnt.

Ich traf ihn oft in unserem Garten an und hörte meine Mutter sagen, dass man eine Tür in die Hecke zwischen den beiden Gärten errichten sollte.

Trotz all dem Trubel hatte ich mein Ziel nicht aus den Augen verloren und so klingelte ich eines Montagmorgens an der Tür meines Lehrers.

Er war nicht erstaunt, mich zu sehen. Doch als er mein ernstes Gesicht sah, fiel ihm wieder ein, dass wir, nachdem ich seine Leiter ein paar Tage nach dem Vorfall gesäubert und gegen unsere Leiter zurück getauscht hatte, nie wieder über jene Nacht geredet hatten.
„Na Hauke. Was gibt es denn?"
Ohne lange zu zögern, trug ich ihm mein Anliegen vor.
„Könnten Sie in einer halben Stunde im Kiosk an der Hauptstraße sein und sich dort ein bisschen aufhalten?"
Ich sah seinen fragenden Blick. Doch ich wusste, dass er mir meinen Wunsch nicht abschlagen würde.
„Sie sollen nur das bestätigen, was ich dort gegenüber der Besitzerin behaupten werde."

Wenig später machte ich mich vom Haus meines Lehrers aus direkt auf den Weg zum Kiosk an der Hauptstraße. Als ich dort eintraf, herrschte zu meiner Freude reger Kundenverkehr. Wie erwartet, sah ich auch Thore mit dem Fahrrad ankommen.
Ich hatte herausgefunden, dass er sich jeden Montag heimlich mit Schokolade eindeckte, die ihm sein Vater verboten hatte.
Als Thore den Kiosk betrat, sah ich Herrn Ehmken eintreffen und ich freute mich, dass bis jetzt alles nach Plan verlief. Ich folgte Thore unbemerkt durch die Gänge. Er hatte die Angewohnheit, die Chipstüten aus dem unteren Regal zu nehmen, weil dort die billigen Sorten standen.
Als er sich bückte, war es ein Leichtes für mich, etwas in die Tasche seiner dünnen Windjacke zu stecken. Kurz darauf machte ich mich bemerkbar und tat so, als wäre ich erfreut, ihn zu sehen. Er schaute mich nur griesgrämig an und ging zur Kasse, um seine Chips zu bezahlen.

Herr Ehmken hielt sich an dem Zeitungsständer auf, schaute zu mir herüber und schien auf ein Zeichen von mir zu warten. Ich tat so, als würde ich ihn nicht sehen.
Als Thore bezahlt hatte, legte ich einen Schokoriegel auf den Tresen, das Geld legte ich daneben. Thore war schon fast aus der Tür, als ich ihm hinterher rief.
„Thore, hast du nicht was vergessen?"
Er wandte sich um und schaute fragend.
Die Kioskbesitzerin kassierte das Geld, aber ich merkte dass sie weder mich noch Thore aus den Augen ließ.
„Du hast da hinten", ich zeigte auf die kleine Schreibwarenabteilung, „ein Schreibset aus dem Regal genommen und es in deine Jackentasche gesteckt!"
Thore tippte an seine Stirn.
„Du spinnst ja!"
„Sicher?"
Nun wurde die Verkäuferin hellhörig. Sie ging auf Thore zu, war sich aber noch nicht sicher, ob sie meiner Anmerkung Glauben schenken sollte.
Plötzlich trat Herr Ehmken an Thore heran. Er schaute zu mir und nickte.
„Hauke hat recht. Ich habe es auch gesehen."
Thore griff in seine Tasche und hielt unvermittelt ein Schreibset in den Händen.
„Das habe ich nicht genommen. Das hat mir jemand untergejubelt!", versuchte sich Thore zu verteidigen.
Doch sein Versuch war zum Scheitern verurteilt.
Zu meinem Glück kam eine ältere Kundin aus einem der Gänge. Sie schien nur die Hälfte gehört oder gesehen zu haben.
„Na das ist ja mal wieder typisch. Der Sohn des größten Bauunternehmers, dem es sicher nicht an Taschengeld mangelt, stiehlt

hier und behauptet dann auch noch unschuldig zu sein."
Thore saß in der Falle und die Kioskbesitzerin griff bereits zum Telefon, um die Polizei zu benachrichtigen.
Nachdem Herr Ehmken und ich eine halbe Stunde später unsere Aussage gemacht hatten und auch die Kundin ihre Meinung über die Jugend von heute losgeworden war, verließen wir den Kiosk. Wir bekamen noch mit, wie einer der Beamten Thores Vater anrief, ihm erklärte, dass er mit einer Anzeige rechnen müsse und der Vater ihn auf dem Revier abholen könne.
Niemand achtete auf uns beide, als wir etwas abseits an der Straße stehen blieben, ich meinem Lehrer die Hand reichte und ihm lächelnd erklärte:
„Eine Hand wäscht bekanntlich die andere."

*

Verstehen Sie nun?
Dies war es, was ich damals begriff. Und so habe ich es bis heute gehalten. Vielleicht ist das mein Erfolgsrezept, nach dem mich so viele Menschen immer wieder fragten.
Herr Ehmken hat später meine Mutter geheiratet. Von all den Ereignissen in jener Nacht hat sie nie etwas erfahren. Und so haben sie beide noch viele Jahre zusammen eine schöne Zeit verbracht. Thore, so hörte man später, wollte in den USA sein Glück versuchen. Man hat nie wieder etwas von ihm gehört.
Aleyna erzählte, dass Caroline merklich neidisch auf ihr unabhängiges und erfolgreiches Leben war. Aleynas Geschäft war über die Grenzen Oldenburgs hinaus bekannt. Sie hatte sich auf Mode für Obergrößen spezialisiert und hatte großen Zulauf. Caroline hatte ihre Modellmaße nicht halten können und kaufte regelmäßig bei Aleyna ein.

Mit Ende 50 verkaufte Aleyna ihr Geschäft an eine ihrer Angestellten.
Was Aleyna heute macht? Nun, im Moment blättert sie in einem Reisekatalog. Sie möchte einmal auf Weltreise gehen. Später werde ich ihr diese Zeilen zum Lesen geben. Das Meiste davon kennt sie schon. Dennoch wird sie mir raten, die Seiten zu verbrennen.
Die gute Aleyna....

Freizeittipps

- **BAD AM STADION**
  Zum Stadion 6, 26160 Bad Zwischenahn

Hallenbad
Das Hallenbad verfügt über einen Hubboden, mit dem die Beckentiefe eingestellt werden kann.
Es gibt ein Kleinkinderbecken und ein Schwimmerbecken. Beide verfügen jeweils über eine Rutsche.

Freibad
In den Monaten Mai bis September steht den Besuchern ein Nichtschwimmer- und Schwimmerbecken sowie eine Sprunganlage zur Verfügung.

Saunalandschaft
Das Bad bietet verschiedene Erholungsmöglichkeiten an. Von der finnischen Sauna, über das Dampfbad bis hin zum Bionarium.

Bad Oase
Ein Kiosk mit Cafe' bietet eine kleine Auswahl an Essen und Getränken an.
Außerhalb des Wassers gibt es einen Beachvolleyballplatz.

Weitere Informationen unter: Tel.: 04405 / 5458 oder Gemeinde Edewecht: Tel.: 04405 / 916-0

○ BARBARAS HEXENGARTEN

Auf 3000 Quadratmetern befindet sich am Rande von Jedderloh II hinter einer hohen Hecke verborgen, der liebevoll gestaltete Hexengarten. Ob eine Steingartenanlage, ein Rosengarten oder eine Teichanlage, überall gibt es in diesem Garten etwas zu entdecken.
Den Höhepunkt des Gartens bildet der Kräutergarten, der einer mittelalterlichen Klosteranlage nachempfunden wurde und aus 64 Feldern besteht, in deren Mitte sich eine Sonnenuhr befindet. Hier wachsen verschiedene Küchen-, Heil- und Teekräuter. Dem Besucher werden zudem auch Kräuterlimonade, Gebäck und verschiedene Dips angeboten.
Öffnungszeiten:
An den Tagen des offenen Gartens
Sonntag von 11:00 Uhr bis 18:00 Uhr

Auf die Minute

(Für Angelika)

Ludger Hackelberg öffnete die Augen und hatte Mühe, die Gegenstände in dem kleinen Schlafzimmer zu erkennen. Seit Tagen vernebelten die Schmerzmittel, die er beim täglichen Besuch von der Krankenschwester des häuslichen Pflegedienstes eingeflößt bekam, seine Sinne.
Wenn es ganz still war und der Wind günstig stand, meinte er die harten Aufschläge der Tennisbälle auf der nahegelegenen Außenanlage hören zu können. Doch waren es vielmehr seine Gewissensbisse, die diese Geräusche verursachten, wenn sich murmelnde Stimmen in seinem Kopf breit machten.
Er versuchte in seinem Kopf für Ruhe und Ordnung zu sorgen, doch je länger er in seinem Bett, am Sauerstoffgerät angeschlossen, lag, je schwerer wurde es. An manchen Tagen ließ ihn das schier verzweifeln. Seit einem halben Jahr ging es mit ihm gesundheitlich bergab. Scheinbar hatte er damals die Tür nicht richtig hinter sich zugezogen und so hatte der Tod sprichwörtlich nicht nur an seine Tür geklopft, sondern ist durch den Spalt der unverschlossenen Tür ins Haus gekrochen.
Seit diesem Tag umkreiste er Ludger Hackelbergs Bett und redete dem Krebsgeschwür in dessen Körper wispernd ein, es möge sich endlich im ganzen Körper ausbreiten.
An manchen Tagen glaubte Ludger, dass er es nicht anders verdient hätte und fragte sich nicht zum ersten Mal, was passiert wäre, wenn sein Nachbar Uwe Stölting, mit dem er zusammen zur Schule gegangen war, nicht eines Tages zu ihm gekommen wäre, um ihn zu fragen, ob er sich seine Sofortbildkamera ausleihen könne.
Ludger hatte sie nicht gleich finden können und so hatte er Uwe versprochen, sie ihm in den nächsten Tagen vorbeizubringen.

Uwe Stölting wohnte mit seiner Frau auf dem elterlichen Bauernhof am Hankhauser Busch. Seine Nachbarn hielten ihn für einen Sonderling, einen Außenseiter, der nie so recht auf den Hof passte.
Die Eltern hatten alles daran gesetzt, dass aus ihm ein anständiger Landwirt werden würde und er den Hof mit den fünfzig Kühen sowie zehn Schweinen übernahm. Doch Uwe fand nie Gefallen an der Arbeit auf dem Hof und enttäuschte somit seine Eltern bis zu deren Tod. Er zog sich oft zurück und begann sich für Antiquitäten zu interessieren.
Für die Antiquitäten, für die Uwe in all den Jahren das von seiner Frau Nora erwirtschaftete Geld ausgab, hatte er die Kamera haben wollen. Er wollte die Gegenstände fotografieren, für den Fall, dass eines Tages ein Versicherungsfall eintrat.
Drei Tage später fand Ludger Wörtz die Kamera und machte sich auf den Weg zu seinem alten Schulkameraden.
Als er den Hof betrat, hatte er Nora im Kräutergarten vermutet, doch als er weder sie noch Uwe auf dem Hof entdeckte, spielte er mit dem Gedanken, die Kamera einfach in der Küche auf den Tisch zu legen und wieder zu gehen.
Doch es war die pure Neugier, die ihn dazu bewogen hatte, die Treppe zum Boden über dem Schweinestall emporzusteigen.
Er wusste nur vom Hörensagen, dass Uwe dort oben seine Antiquitäten lagerte. Niemand, außer seine Frau Nora und natürlich seine verstorbenen Eltern, hatten sie je zu Gesicht bekommen.
Als er am oberen Ende der Treppe angelangt war, hatte er Nora und Uwes Stimmen vernommen.
Für einen kurzen Augenblick hatte er mit dem Gedanken gespielt, leise umzukehren, denn es lag ihm fern, Gespräche anderer Leute zu belauschen. Doch eine merkwürdige Atmosphäre lag in der Luft und die Neugierde gewann die Oberhand.

Als er vorsichtig die angelehnte Tür zum Dachboden öffnete, wäre ihm fast die Kamera aus der Hand gefallen, so erschreckend war die Szene, die sich ihm darbot.

Ludger Hackelberg schaute auf den Nachtisch, auf dem sich unzählige Medikamentenschachteln stapelten, deren Inhalt er wohl nicht mehr aufbrauchen würde.
Mit ihm ging es zu Ende. Da brauchte er sich nichts vorzumachen.
Er glaubte nicht daran, bald an der Himmelspforte zu klopfen. Ab und an hatte er sich dennoch gefragt, was Gott wohl zu dem sagen würde, was er getan hatte.
Dabei hatte er nur dafür sorgen wollen, dass seine Tochter Isa das Haus schuldenfrei erbte.
Er hatte sie seit zwanzig Jahren nicht gesehen, denn sie war nach Amerika gegangen, um dort ihr Glück zu finden. Ludger hatte keine Ahnung, ob sie es dort gefunden hatte. Für den Fall, dass dem nicht so wäre, könnte sie das Haus verkaufen und mit dem Geld machen, was sie wolle. Außerdem gab es da noch diesen braunen Umschlag, den er ihr ebenfalls hinterließ.

*

Uwe Stölting saß auf seinem Dachboden auf einer dunkel gebeizten Kirchbank. Während er an einem Glas Champagner nippte, ließ er seinen Blick über sein kleines Reich schweifen. Eine französische Deckenlampe, auf der kleine Blütenlampenschirme steckten, spendete dem Raum gedämpftes Licht.
Uwe Stölting stellte sein Glas auf einem Untersetzer ab, der auf einem Aufsatzbuffet mit Kartuschenschnitzereien lag und holte tief Luft.

Heute war ein Feiertag für ihn. Die Nachricht von Ludger Hackelbergs Tod hatte sich vor drei Tagen wie ein Lauffeuer durch Rastede verbreitet.
Die Betreiber der **Kart-Bahn,** der **Loyer-Garten-Eisenbahn** und der **Swing-Golf Anlage auf dem Janßen Hof** hatten sogar für den Rest des Tages ihre Betriebe geschlossen, um später an der Beerdigung teilzunehmen.
Für Uwe Stölting schien sich nun alles zum Guten zu wenden. Endlich würde er den Rest seines Lebens in Ruhe und Frieden verbringen können. Niemand hatte ihn nun mehr in der Hand, keiner wusste um das Geschehen, dass sich fast auf den Tag genau vor zwei Jahren, hier oben auf dem Dachboden zugetragen hatte. An jenem Tag, als Nora zu ihm auf den Dachboden gekommen und er gerade im Begriff gewesen war, den Stutzflügel abzustauben und ihn mit einer milden Möbelpolitur aufzufrischen. Allein die Tatsache, dass sie es wagte, in sein heiliges Refugium einzudringen, war Anlass genug, sie in die Schranken zu weisen.
Bereits am Tag der Hochzeit erklärte er ihr, dass der Dachboden sein Rückzugsort sei und dort niemand etwas zu suchen hätte.
Vielleicht hätte er Nora dieses eine Mal verziehen. Schließlich hatte sie während ihrer zehn gemeinsamen Jahre nie von ihm verlangt, ihr bei der Arbeit auf dem Hof behilflich zu sein. Doch sie forderte von ihm, dass er seinem Hobby endlich Einhalt gebieten müsse, wollten sie nicht weiter den Hof mit zusätzlichen Krediten belasten.
Er erinnerte sich noch genau an diesen Moment, als sei es erst gestern gewesen. Ungläubig hatte er sie angesehen. War ihr denn nicht bewusst, was sie da von ihm verlangte?
Er hatte ihr klarzumachen versucht, dass er ihrer Forderung nicht nachkommen könnte. Da gab es für ihn keinen Grund für weitere Diskussionen.

Nora hätte nur den Dachboden verlassen müssen, anstatt darauf zu beharren, das ein oder andere teure Stück zu verkaufen. Sie blieb jedoch stur, schien ihn nicht zu verstehen.
Zu allem Überfluss begannen sie sich darüber zu streiten und dann tauchte auch noch Ludger Hackelberg mit der Kamera auf. Nachdem Uwe den Streit mit seiner Frau auf seine Art beendet hatte, saß er plötzlich in der Falle.
Uwe Stölting schaute zur Standuhr und schreckte auf.
In einer Stunde würde Ludger Hackelbergs Beerdigung stattfinden und es wurde Zeit, sich langsam auf den Weg zu machen.
Zügig verließ er den Dachboden, stieg die Treppe nach unten und verließ den Hof.

*

Als er Hackelbergs Haus in der Graf-von-Gahlen-Straße erreichte, brauchte er nicht lange nach dem Haustürschlüssel zu suchen. Er fand ihn unter dem Topf einer halb verwelkten Geranie neben dem Eingang und verschaffte sich mit selbigen ohne schlechtes Gewissen Eintritt ins Haus.
Da er an jedem ersten Montag im Monat bei Ludger gewesen war, fand er sich zurecht. Er betrat die Küche und schaute zur Uhr. Ihm blieb etwa eine Stunde Zeit, bis die Nachbarn von der Beerdigung zurückkommen würden. Keinen von ihnen wollte er über den Weg laufen. Unnötige Fragen über sein Fehlen auf der Beerdigung und seine Anwesenheit vor Ludgers Haus hätten ihm gerade noch gefehlt.
Uwe begann in allen Schubkästen des Wohnzimmerschrankes nach den Negativen der Fotos zu suchen, mit denen Ludger ihn zwei Jahre lang erpresst hatte.
Doch er ahnte bereits, dass er sie dort nicht finden würde. Er hielt einen Moment inne und überlegte, wo er sie an Ludgers

Stelle versteckt hätte. Er drehte sich in der Mitte des Zimmers um seine eigene Achse und begann die Wände hinter den Bildern nach einem Safe abzusuchen. Doch vergeblich. Vielleicht hatte er oben im Schlafzimmer mehr Glück. Kaum hatte er die ersten zwei Treppenstufen genommen, vernahm er plötzlich eine Stimme hinter sich.

„Ich dachte nicht, dich so früh hier anzutreffen."

Uwe drehte sich um und schaute in das hübsche Gesicht einer Frau um die Vierzig. Konnte das möglich sein? Er hatte sie das letzte Mal gesehen, als sie ungefähr zwölf Jahre alt gewesen war.

„Ich weiß, was du suchst, Uwe. Du bist doch Uwe?"

Völlig perplex stand Uwe noch immer auf der zweiten Stufe der Treppe. Er brachte nur ein kurzes Nicken zustande und fühlte sich ertappt.

Als er sich wieder gefasst hatte, entgegnete er:

„Ich dachte, Du bist auf der Beerdigung deines Vaters?"

Isa winkte gelangweilt ab.

„Was soll ich da? Lieber mache ich eine Besichtigungstour im **Ammerländer Kerzenstall**, als mich bei der Beerdigung von neugierigen Nachbarn anstarren zu lassen.

Er ist tot und meine Anwesenheit ändert daran auch nichts."

Wieder huschte ein Grinsen über ihr Gesicht. Sie strich sich eine Locke aus dem Gesicht.

„Außerdem hätte ich dich dann verpasst und könnte dir das hier nicht zeigen."

Mit einer Hand holte sie einen kleinen Umschlag aus ihrer Jackentasche.

„Ich denke, dass sind die Fotos, nach denen du suchst."

Sie wedelte mit dem Umschlag in der Luft herum und lächelte ihn herausfordernd an, bevor sie abrupt innehielt und ihm den Umschlag entgegenstreckte.

„Die Bilder kannst du gerne haben. Aber wenn du glaubst, dass sich die Negative ebenfalls darin befinden, dann hast du dich getäuscht. So dumm bin ich nicht. Sie liegen bereits in einem Umschlag sicher und trocken bei meinem Anwalt."
Uwe gab keinen Mucks von sich.
Mit einem Wink zur Küche erklärte sie:
„Ich denke, wir sollten unser Zusammentreffen dafür nutzen, die neuen vertraglichen Modalitäten zu besprechen."
Isa ging in die Küche und begann die Kaffeemaschine anzustellen. Dann suchte sie zwei Tassen und stellte sie auf den Küchentisch.
„Magst du Kaffee? Setzt dich doch. Es wird sicher nicht lange dauern."
Uwe folgte ihr in die Küche und setzte sich immer noch ziemlich perplex an den Tisch. Er beobachtete sie beim Kaffeekochen, unfähig, einen klaren Gedanken zu fassen. Isa schenkte Kaffee in beide Tassen. Dann setzte sie sich ihm gegenüber, umschloss ihre Tasse mit beiden Händen und schaute ihn abwartend an.
„Ich weiß, dass mein Vater dich mit diesen Bildern erpresst hat. Und ich weiß auch, dass er vor zwei Jahren, als die Polizei bei dir auf dem Hof auftauchte, behauptet hat, dass er Zeuge gewesen sei, wie Deine Frau mit zwei gepackten Koffern den Hof verlassen hätte. Da niemand das Gegenteil beweisen konnte, glaubte man dir und meinem Vater".
Isa trank einen Schluck Kaffee, während Uwe seinen unberührt ließ. Dann stellte sie den Becher wieder ab und drückte ihr Rückrad gerade durch.
„Also, um es kurz zu machen. Es bleibt bei den 1000 Euro an jedem ersten Montag im Monat."
Isas Forderung traf Uwe wie ein Schlag ins Gesicht. Er begriff, dass die Erpressung kein Ende nehmen würde. Innerlich sackte er in sich zusammen.

Er würde nun anfangen müssen, einen Teil seiner geliebten Antiquitäten zu verkaufen. Die Vorstellung allein trieb ihm fast die Tränen in die Augen. Isa blieb Uwes Gefühlsregung jedoch verborgen.
„Na da sind wir uns ja einig?“, durchbrach Isas Stimme die Stille. „Du bringst mir das Geld in kleinen Scheinen und ich halte weiterhin den Mund darüber, was mein Vater mit eigenen Augen mit ansehen musste.“
Uwe nickte. Zu mehr war er nicht mehr im Stande. Langsam, um Jahre gealtert, erhob er sich und verließ den Raum. Er verfluchte den Tag, verfluchte Isa und fragte sich, warum das Flugzeug, das sie aus Amerika hierher gebracht hatte, nicht über dem Ozean abgestürzt war.

*

In den darauffolgenden sechs Monaten brachte Uwe jeden ersten Montag im Monat das Geld in kleinen Scheinen, verpackt in einem Umschlag, zu Isa, die nun im Haus ihres Vaters wohnte. Stets hatte er sich nach der Tagesschau auf den Weg gemacht. Ihm fiel auf, dass bei jeder Übergabe zur gleichen Zeit ihr Handy klingelte, woraufhin sie sich kurz von ihm abwandte und wenige Sätze an ihren Gesprächspartner richtete, bevor sie ihm wieder ihre Aufmerksamkeit schenkte.

*

Es war ein verregneter Montag im September, als Uwe sich wie gewohnt auf den Weg zu Isa machen wollte. Er hatte ein paar seiner heiß geliebten Teller aus Meißner Porzellan verkaufen müssen, um die nächste Rate aufzubringen.

Gerade als er nach seinem Friesennerz an der Garderobe griff, klingelte es und Isa stand vor der Tür.
Fragend schaute er sie an, begriff nicht, aus welchem Grund sie den Ablauf der Geldübergabe veränderte.
Isa schien seine Gedanken zu erraten und grinste ihn daraufhin spitzbübisch an, als wären sie alte Freunde und sie käme nur auf einen kurzen Plausch vorbei.
Sie drehte sich um und schaute über den Hof. Mit der ausgestreckten Hand zeigte sie zum alten Schweinestall. Ist dort der Dachboden, auf dem es passiert ist?"
Uwe spürte, wie sich alles in ihm verkrampfte. Was bezweckte sie mit dieser Frage?
„Zeigst du mir, wo es damals passiert ist?"
Ihre Frage schien so beiläufig und harmlos, als solle er ihr ein frisch geschlüpftes Küken zeigen.
Uwe schien nichts anderes übrig zu bleiben. Er ahnte, dass sie nicht eher Ruhe geben würde, bis er ihr den Ort gezeigt hatte.
Er zog die Haustür hinter sich zu und ging mit ihr über den Hof. Kurz darauf stieg er die Treppe zum Dachboden hinauf, öffnete die Tür und ließ ihr den Vortritt.
Für einen kurzen Augenblick erfreute er sich am Anblick ihrer großen Augen, die sie machte, als sie seine unzähligen Schätze entdeckte. Doch als sie eine Figur aus hauchdünnem Porzellan in die Hand nahm, brach ihm der kalte Schweiß auf der Stirn aus.
„Gegen diese Sammlung kann das **Bauernmuseum** einpacken", verkündete Isa anerkennend. Uwe konnte nicht leugnen, dass ihm ihre Anerkennung gefiel. Er war jedoch ein wenig verärgert, dass sie seine Sammlung mit der Sammlung von landwirtschaftlichen Geräten verglich. Uwe folgte jeder ihrer Handbewegungen, in der Hoffnung, dass sie die Nymphenburger Porzellan-

figur, die sie noch immer in der Hand hielt, nicht aus Versehen fallenließ.
Erst als sie die Figur wieder an ihren Platz zurückstellte, atmete Uwe erleichtert auf. Er sah, wie sie sich umschaute, doch ihr Blick schien über die Gegenstände zu gleiten, als suche sie etwas Bestimmtes.
Als sie am anderen Ende des Dachboden eine Luke entdeckte, schaute sie ihn fragend an.
„Ist es dort passiert?"
Noch ehe Uwe antworten konnte, war sie zu der Luke gelaufen, hatte den runden Griff in die Hand genommen und die Luke geöffnet.
Uwe blieb neben einem dreiflügeligen Paravant stehen und beobachtete Isa dabei, wie sie nach unten durch die Öffnung schaute.
„Und da unten ist der ehemalige Schweinestall?"
„Ja, das war der Schweinestall."
Isa stand mit dem Rücken zu Uwe. Sie schien keinen Moment damit zu rechnen, dass er sich ihr nähern und sie mit einem Schubs hinunterstoßen könnte.
Sie wirkte ganz entspannt, als sie sich zu Uwe umdrehte und fragte:
„Hast du sie dort hinunter gestoßen, als ihr euch damals gestritten habt?"
„Ja, das habe ich. Nora wollte, dass ich auf meine Antiquitäten verzichte. So etwas verlangt man nicht von dem Menschen, den man liebt."
„Und die Schweine haben dann…?"
„Es ging ganz schnell. Von ihr ist nichts mehr übrig geblieben", fiel Uwe ihr ins Wort. Auch wenn es ihm nichts ausmachte, dass er Isa den Mord an seiner Frau gestand, wollte er das Thema so schnell wie möglich beenden.

Isa schien von dieser Vorstellung fasziniert. Als er ihr in die Augen sah, wusste Uwe, dass sie ihn bis zu seinem eigenen Ende nicht mehr vom Haken lassen würde. Sie würde ihn ausquetschen, bis nichts mehr von seiner kostbaren Sammlung übrig wäre.

Uwe näherte sich Isa.

Isa trat zwei Schritte von der Luke weg, ohne sie jedoch wieder zu schließen.

Wie sehr Uwe sich wünschte, dass in diesem Moment das Quieken der Schweine von unten herauf dringen würde, konnte sie nicht ahnen. Allerdings schien sie zu merken, wie Uwe sie anstarrte.

„Übrigens, wenn du gerade mit dem Gedanken spielst, mich durch die Luke nach unten zu werfen, in der Hoffnung, dass ich mir dabei das Genick breche, dann solltest du Folgendes wissen."

Isa holte ihr Handy aus der Jackentasche.

„Jeden Abend um neun Uhr bekomme ich einen Anruf und der Anrufer erkundigt sich, ob es mir gut geht. Sollte ich den Anruf mal nicht annehmen, setzt sich nach einer Minute eine Maschinerie in Gang. Mein Anwalt wird einen braunen Umschlag öffnen und dessen Inhalt der deutschen Polizeibehörde übergeben. Das es sich dabei um die Negative der Fotos meines Vaters handelt, die dich eindeutig bei der Ermordung deiner Frau zeigen, muss ich dir sicher nicht erklären."

Das Klingeln des Handys in Isas Hand ließ sie verstummen.

Uwe schaute zu seiner Standuhr. Es war genau einundzwanzig Uhr.

Wie immer, wenn um diese Zeit das Handy klingelte, wandte Isa sich von Uwe ab und entfernte sich einen Schritt von ihm.

Dabei bemerkte sie nicht den Nagel, der aus einem der Dielenbretter hervorstach. Mit der Schuhspitze blieb sie daran hängen und strauchelte, da sie nirgends Halt fand. Isa riss einen kleinen

Beistelltisch um, bevor sie rückwärts durch die offene Luke nach unten stürzte.
„Frau Hackelberg? Frau Hackelberg, bitte melden Sie sich!“, drang es aus dem Handylautsprecher durch die Stille des Dachbodens.

Freizeittipps

○ AMMERLÄNDER KERZENSTALL

Dörpstraße 136, 26180 Rastede

Die Kerzenwerkstatt in Delfshausen bietet seinen Besuchern die Möglichkeit, Kerzen selbst zu ziehen oder selbst zu gießen.
Außerdem gibt es eine kleine Ausstellung, die einen Einblick in die Viehwirtschaft des 20. Jahrhundert bietet.
Öffnungszeiten:
Dienstag bis Samstag von 10:00 Uhr bis 18:00 Uhr
Weitere Informationen unter: Tel.: 04402 / 983699

○ BAUERNMUSEUM „JAN PASTOR SIN HUS“

Raiffeisenstraße 60, 26180 Rastede

Das Bauernmuseum bietet eine Ausstellung von landwirtschaftlichen und technischen Geräten sowie Maschinen der letzten 200 Jahre. Auf einer Fläche von über 2000 Quadratmetern erhält der Besucher einen Überblick der Entwick-

lung landwirtschaftlicher Technik. Auch Gegenstände einer alten Schuhmacherei, einer Schlachterei, einer Bäckerei und einer Schule kann der Besucher besichtigen.
Das Glanzstück der Ausstellung ist ein alter Holzpflug aus dem 16. Jahrhundert.
Seit 1990 steht dem Besucher diese Sammlung zur Besichtigung offen. Dies ist der Sammelleidenschaft der Familie Brötje zu verdanken.
Öffnungszeiten: März bis Oktober
Freitag und Sonntag von 14:00 Uhr bis 18:00 Uhr
Weitere Informationen unter: 04402 / 81261

❍ KART-O-DROM

Am Liethegleis 5-7, 26180 Rastede

Das Kart-o-drom bietet auf seiner Kartbahn maximalen Fahrspaß und ist mit einer computergestützten Zeitanlage ausgestattet. Ein kleines Bistro bietet dem Besucher kleine Snacks, wie Pizza oder Baguette zur Stärkung an.
Öffnungszeiten:

März bis Oktober	
Montag bis Donnerstag	ab 17:00 Uhr
Freitag	ab 15:00 Uhr
November bis März	
Dienstag bis Donnerstag	ab 17:00 Uhr
Freitag	ab 15:00 Uhr
Samstag und Sonntag	ab 13:00 Uhr

Weitere Informationen unter: Tel.: 04402 / 598282

○ LOYER GARTEN-EISENBAHN-PARK

Ringstraße 284, 26180 Rastede

Der Eisenbahnpark hat eine Größe von 1000 Quadratmetern. Vier Meter lange Züge mit Dampfloks im Maßstab 1:22,4 fahren auf einem 500 Meter langen Gleis durch die Gartenanlage.
Für das leibliche Wohl der Gäste werden Kaffee, Kuchen, Salate und Bratwurst angeboten. Ein „Kaffeezug" beliefert die Gäste auf Wunsch mit Getränken.
Anmeldung ist gewünscht!
Eintritt frei.
(Es wird um eine Spende in Höhe von 5 € pro Person ab 14 Jahren gebeten)
Weitere Informationen unter:
Privater Gartenpark der Familie Grote

○ SWINGOLF

(auf dem Janßen Hof) Pantinenweg 6, 26180 Rastede

Der Janßen Hof ist ein kleines Paradies für Golfer.
Auf einer Fläche von 1400 Quadratmetern können Besucher ihrer Leidenschaft nachgehen und eine 18 Loch Swingolf Anlage bespielen.
Bevor es aber aufs Gelände geht, besteht für die Besucher die Möglichkeit, einen Bollerwagen zu mieten und ihn mit Getränken aus dem Hofladen zu bestücken. Ein Bauernhof-Café bietet dem Besucher außerdem die Möglichkeit, bei Kaffee und Kuchen auf dem Hof zu verweilen.

Öffnungszeiten Golf-Anlage:

Von April bis Oktober

Dienstag bis Freitag	von 13:00 Uhr bis zum Eintritt der Dämmerung
Samstag und Sonntag	von 10:00 Uhr bis zum Eintritt der Dämmerung

Öffnungszeiten des Hofladens:

Dienstag bis Samstag	von 09:00 Uhr bis 12:30 Uhr 14:30 Uhr bis 18:00 Uhr
Sonntag / Feiertag	von 14:00 Uhr bis 18:00 Uhr
Montag	Ruhetag

Öffnungszeiten des Hof-Cafés:

Dienstag bis Sonntag	von 13:00 Uhr bis 18:00 Uhr
Montag	Ruhetag

Weitere Informationen unter: Tel.: 04402 / 2482

Künstlerpech

(Für Dorinnah)

Ein frischer Wind fuhr durch das Geäst der alten Eiche unter der Tammo auf einer alten Bank im **Schlosspark** saß.
Von seinem Platz aus beobachtete er die Sonnenstrahlen, die die helle Fassade und das grüne Dach des **Rasteder Schlosses** in einem hellen Glanz erstrahlen ließ.
Fast zwanzig Jahre war es her, dass er mit seiner Schwester durch den Park tobte. Sie hatten die vielen verwunschenen Ecken der Anlage geliebt, in denen sie sich vor den Blicken der Eltern verbergen und sich ganz ihrer kindlichen Phantasie hingeben konnten.
Seine Mutter war schon lange tot und sein Vater war vor einem Monat gestorben. Er hatte sich nicht überwinden können, zu dessen Beerdigung zu gehen, wenn auch die alten Wunden längst verheilt waren.
Tammo hatte seiner Schwester geschrieben, um ihr mitzuteilen, dass er sie heute besuchen kommen würde. Er hatte für zwei Nächte ein Zimmer im Schlossparkhotel „Hof von Oldenburg“ gebucht.
Sie hatte ihm nicht geantwortet und er ahnte, dass sie ihn nicht sehen wollte. Zu unterschiedlich waren ihre Lebenswege geworden. Jette war Malerin, sogar eine sehr erfolgreiche.
Sie hatte ihren künstlerischen Durchbruch mit Gemälden geschafft, auf denen Baumstämme und Äste die Farben von Blättern und die Blätter, die farblichen Strukturen von Ästen und Baumstämmen annahmen. Ihre erste Ausstellung fand in der **St. Ulrichs-Kirche** statt.
Glaubte man den Berichten und Kommentaren auf verschiedenen Internetplattformen, verkauften sich ihre Bilder sehr gut. Die Käufer hatten scheinbar Freude daran, ihrer Fantasie freien Lauf

zu lassen und ihre Interpretationen zu posten. Sie sahen lachende, grimmig schauende Geister und Fabelwesen in den Baumstämmen oder Blättern ihrer Landschaftsbilder.
Tammo sog den Geruch von feuchter Erde und halb verrottetem Laub tief in sich ein und genoss für einen Moment seine Rückkehr in die alte Heimatstadt. Doch dieser Zustand währte nicht lange. Es gab einen Grund, weshalb er hierhergekommen war und dieser duldete keinen Aufschub.
Tammo schaute auf seine Uhr.
In einer Stunde begann die neue Vernissage von Jule Deichhorst im **Palais**, einem historistischen Gebäude auf der anderen Seite des Schlossparks. Er wollte noch eine Kleinigkeit essen und sich im Hotel frischmachen, bevor er sich auf den Weg zur Ausstellung machte, zu der jeder Besucher kommen und gehen durfte, wie es ihm beliebte.
Tammo erhob sich von der Parkbank und ging Richtung Ausgang, wobei er einer Gruppe Senioren, die an einer **Führung** durch den Park teilnahmen, Platz machte.

*

Als Tammo auf das Palais zuging, sah er schon von Weitem die imposante Aufmachung der Vernissage. Zu beiden Seiten des Eingangs flackerten große Fackeln, die in der beginnenden Dämmerung ihr Licht verströmten.
Einige Besucher liefen mit Sektgläsern im Park herum.
Ein Kellner reichte den Gästen, die draußen frische Luft schnappten, kleine Appetithappen.
Eine junge Frau in einem lindgrünen Hosenanzug schien die Fäden über die ganze Veranstaltung in der Hand zu haben. Ihr Blick

schweifte abwechselnd über die Gästeschar, als wolle sie überprüfen, ob alle zufrieden waren.

„Eine bombastische Aufmachung!“, sprach Tammo die Frau im lindgrünen Hosenanzug an.

Die Anspannung wich aus ihrem Gesicht und machte einem breiten Grinsen platz.

Ihr prüfender Blick glitt über Tammos zerschlissene Hose, sein altes, kariertes Hemd und die abgetretenen Schuhe.

Wäre seine Kleidung noch eine Spur abgenutzter, hätte sie ihn sicher für einen Obdachlosen gehalten, der sich auf dieser Veranstaltung einschleichen wollte. Doch in seinem Fall und dem Anlass entsprechend, glaubte sie wohl, einem exzentrischen Künstler gegenüberzustehen.

„Für Jule Deichhorst und ihre Bilder ist uns nichts zu schade.“

Tammo nickte. „Das sieht man.“

Die Frau blickte zum Eingang.

„Haben Sie ihre Bilder schon bewundert?“

„Nein, ich bin gerade erst gekommen.“

Jetzt reichte sie ihm die Hand und stellte sich als Anna vor. Vertraulich fügte sie hinzu, dass sie Jule Deichhorsts Managerin sei.

Auch Tammo stellte sich ihr vor.

„Sind sie auch Künstler?“, fragte Anna und musterte ihn erneut.

„Nein, nur ein Besucher.“

„Kennen Sie die Künstlerin?“

„Ja, von früher.“

Anna machte große Augen.

„Oh, dann wird sie sich freuen, sie wiederzusehen.“

Tammo zuckte mit den Schultern.

„Bestimmt. Aber ich bin mir nicht sicher, ob ich so einfach hereinplatzen sollte. Ich denke, sie hat nicht nur mit der Vernissage viel um die Ohren. Ich habe gelesen, dass ihr erstes wichtiges Gemälde, mit dem sie den Durchbruch vor vielen Jahren geschafft hat, gestohlen wurde und man sie nun erpresst."

Anna ergriff seinen Arm und schob ihn von den anderen Gästen weg.

„Ja, das stimmt. Aber mal ehrlich, so unter uns. Es konnte uns nichts Besseres passieren als dieser Diebstahl."

Sie lächelte ihn verschwörerisch an, hoffte, dass Tammo wusste, was sie damit sagen wollte.

Tammo nickte.

„Es lief in letzter Zeit nicht besonders gut, nehme ich an."

„Die Konkurrenz schläft nicht", flüsterte Anna.

„Und ganz einfach im Umgang ist sie ja auch nicht."

Anna schaute ihn prüfend an. Sie dachte nicht im Traum daran, über ihre Künstlerin schlecht zu reden.

„Seit ich denken kann, hält sie sich nicht nur als Künstlerin für einen außergewöhnlichen Menschen, der über den Dingen steht."

Anna machte große Augen.

„Sie scheinen sie doch besser zu kennen, als ich dachte."

„Ich bin ihr Bruder", gestand Tammo.

„Sie hat einen Bruder?" Anna schien verwirrt. „Davon hat sie mir gar nichts erzählt."

„Das glaube ich gern."

Tammo grinste.

„Ich denke, ich werde sie nachher zu Hause aufsuchen. Tun sie mir einen Gefallen. Sagen sie ihr nicht, dass wir uns getroffen haben."

„Geht in Ordnung", versprach Anna.

Tammo war sich sicher, dass sie ihr Versprechen schon innerhalb der nächsten fünf Minuten brechen würde.

*

Am nächsten Morgen nach dem Frühstück im Hotel war er für einen Moment versucht, zum **Beach Club nach Nethen** zu fahren, um dort im See zu schwimmen. Doch der Besuch bei seiner Schwester duldete keinen Aufschub mehr.
Als er die **Wildtierstation** in der Parkstraße passierte, waren es nur noch wenige Meter bis zu seinem Elternhaus.
Als er vor dem Haus parkte, sah er, dass sie das Haus großzügig umgebaut hatte.
Wo einst ihre Mutter ihren Kräutergarten pflegte, war ein riesiger Wintergarten angebaut worden. Ein großzügiger Pool nahm einen beträchtlichen Teil der Rasenfläche ein, auf die ihr Vater damals so stolz gewesen war.
Tammo blieb noch einen Moment im Wagen sitzen. Ein beklemmendes Gefühl machte sich in ihm breit.
Er konnte nicht verhindern, dass die Erinnerung an jenen Tag im April an die Oberfläche schwappten. Der Tag, am dem er das elterliche Haus ohne Aussicht auf ein Wiedersehen verließ. Soweit hätte es nicht kommen müssen.
Einige Tage zuvor hatte sein Vater seine goldene Taschenuhr, ein Geschenk seines Vaters, vermisst. Die ganze Familie hatte nach ihr gesucht, doch sie war unauffindbar gewesen.
Später, beim gemeinsamen Abendbrot, hatte Jule allen verkündet, dass er, Tammo, sie genommen und unter seiner Matratze versteckt habe. Sie behauptete, er habe ihr erzählt, dass er die Uhr zu Geld machen wolle, um endlich fort von zu Hause zu gehen. Tammo war fassungslos. Er war damals neunzehn Jahre alt und hätte jederzeit von zu Hause weggehen können, wenn er das gewollt hätte. Dazu brauchte er nicht die goldene Uhr.
Leider glaubte sein Vater Jules Geschichte. Tammo hatte die Sache nie richtig gestellt, sich nicht einmal verteidigt.

Zu groß war der Schock. Er fühlte sich wie gelähmt, seiner Worte beraubt. Die Verletzung, dass sein Vater ihm so etwas zutraute, saß tief. Von der Enttäuschung über das Verhalten seiner eigenen Schwester ganz zu schweigen. Seine Mutter musste den Bruch mit der Familie nicht mehr erleben. Das war sein einziger Trost.
Nun schaute Tammo zu einem der Fenster im ersten Stock.
Er erblickte Jule, die grinsend zu ihm herab schaute.
Das gleiche abschätzige Grinsen wie damals, als er von seinem Vater aus dem Haus gejagt wurde. Dass er sich damals nicht verteidigt hatte, hielt sie für ein Zeichen von Schwäche und dass er nun vor ihrem Haus, seinem Elternhaus, stand, schien für sie die Bestätigung dafür zu sein.
Tammo stieg aus dem Auto. Kaum hatte er die Haustür erreicht, öffnete sie sich.
„Ich hatte schon gestern Abend mit deinem Erscheinen gerechnet", begrüßte sie ihn mit eisiger Stimme.
Tammo dachte an das Versprechen der Managerin. Er hatte also recht behalten.
„War ja klar, dass du hier auftauchst. Aber ich sage dir gleich, du hast den Weg ganz umsonst gemacht. Wenn es nach mir ginge, könntest du weitere zwanzig Jahre wegbleiben"
Trotz der frostigen Begrüßung ließ sie ihn ins Haus treten.
Jule ging voran und nahm auf einem Sofa in einem großzügig geschnittenen und hellen Wohnzimmer Platz. Ein Panoramafenster bot einen Blick auf den Pool, dessen Wasser türkis schimmerte.
Ohne ihm etwas anzubieten, ließ sie ihn mitten im Raum stehen.
„Mach es bitte kurz. Ich bin müde. Die Feier nach der Vernissage ging bis in die frühen Morgenstunden. Ich würde mich gerne noch etwas ausruhen."
Sie schaute ihn abwartend an.
„Also wie viel willst du?"

Tammo schaute sich im Zimmer um. Überhall an den Wänden hingen Bilder von ihr, bis auf das eine Gemälde, das über dem Kamin Platz gefunden hatte.
„Ist das nicht die Birkenlandschaft, die du als angehende Künstlerin als dilettantische Arbeit ohne Seele abgetan hast?"
Jule überraschte diese Frage. Sie glaubte, dass er wegen des Pflichtteils des Erbes gekommen war.
„Ja, es hängt da auch eher aus Mitleid", gab sie kurz zurück.
Tammo betrachtete es eingehender. Etwas zog seine Aufmerksamkeit auf sich.
Er wandte sich wieder seiner Schwester zu. Sie hatte sich kaum verändert. Die letzten zwanzig Jahre hatten es gut mit ihr gemeint. Auch wenn sie auf die Vierzig zuging, man könnte ohne weiteres fünf Jahre abziehen.
„Sicher bist du nicht gekommen, um dich mit mir über Bilder zu unterhalten. Du hast dich noch nie für Kunst interessiert."
Ungeduld machte sich in ihrer Stimme breit und mit dem ausgestreckten Finger auf ihn zeigend, fuhr sie etwas lauter fort:
„Und wenn ich dich und deine Kleidung betrachte, scheinst du auch sonst keine Interessen zu haben."
„Ich kämpfe mich so durch", entgegnete Tammo gelassen.
„Nun, dann denke ich, dass 50.000 € eine Menge Geld für dich sind. Und dass wir uns da richtig verstehen. Das ist der Pflichtteil, den du einklagen könntest. Mehr gibt es nicht.
Ich weiß nicht, ob du es erfahren hast, aber mehr Geld habe ich auch nicht, denn ich werde erpresst und bin gewillt, dem Erpresser das Geld, das er fordert, zu zahlen. Auch wenn das die Polizei anders sieht."
Jule stand auf.
„Warte hier einen Moment. Ich bin gleich wieder da."
Sie verschwand im Nebenzimmer.

*

Kaum hatte Jule die Tür hinter sich geschlossen, griff sie zu ihrem Handy, das auf dem Nachtschrank lag.
„Spreche ich mit der Polizei? Hier ist Jule Deichhorst. Kann ich Hauptkommissar Precht sprechen? Gut, dann sagen sie ihm, dass der Erpresser gerade bei mir ist. Er will seine erste Rate von 50.000 Euro abholen. Nein, ich bin nicht in Gefahr. Der Erpresser ist mein Bruder. Wie schnell können sie hier sein? In 15 Minuten? Alles klar. Ich versuche ihn hinzuhalten."
Jule beendete das Gespräch, griff unter ihr Bett und zog eine alte Schachtel hervor. Ihr entnahm sie die von der Polizei registrierten Geldscheine.
Jule betrachtete sich im Spiegel ihres Kleiderschrankes. Stolz reckte sie ihre Brust. Sie beglückwünschte sich zu dem Plan, den sie sich letzte Nacht, nachdem Anna ihr erzählt hatte, dass ihr Bruder in Rastede eingetroffen ist, ausgedacht hatte.
Dieser Dummkopf glaubte doch tatsächlich, dass sie ihm einfach so eine Menge Geld geben würde.
Sie hatte ihn vor Jahren nicht aus dem Haus vertrieben, um nun mit ihm das Erbe zu teilen. Manche Menschen lernen halt nie aus ihren Fehlern, dachte Jule bei sich und verließ mit dem Geld in der Hand das Schlafzimmer.

*

Tammo hatte sich nicht von der Stelle gerührt. Nachher würde sie behaupten, dass er ihre Sachen angefasst hatte. Im Äußern von Anschuldigungen war sie eine Meisterin.
Als Jule ihm das Geld überreichte, schien sich etwas in ihr zu verändern.

Ihre Gesichtszüge wurden weicher und auch ihre Stimme klang versöhnlicher als zuvor beim frostigen Empfang.
„Wo du schon einmal da bist, können wir auch einen Tee zusammen trinken."
Tammo lehnte ab.
„Danke für das Geld, aber ich mache mich dann mal wieder auf den Weg."
Jule gaukelte ihm Enttäuschung vor und ließ nicht locker.
„Es wäre doch schön, ein wenig zu plaudern. Du hast mir noch gar nichts von dir erzählt."
„Da gibt es nichts Spannendes zu berichten. Ich gehe mal besser."
Tammo entging Jules Blick nicht.
Sie schaute zum Fenster, als erwartete sie Besuch. Doch dort war nur der Pool und der Garten, in dem Tammo niemanden entdecken konnte.
Jule brachte Tammo zur Tür. Als er ihr zum Abschied die Hand reichte, richtete sich ihr Blick auf einen Punkt, der hinter ihm lag. Sie verabschiedete sich von ihm und schloss mit einem Lächeln die Tür.

*

Jule stand wieder im ersten Stock hinter dem Fenster. Sie sah den Einsatzwagen der Polizei, der in großem Abstand zum Haus am Straßenrand Stellung bezogen hatte.
Dass die Polizei gleich einen Einsatzwagen schickte, führte sie auf ihre Bekanntheit zurück und fühlte sich ein wenig geschmeichelt.
Mit einem zufriedenen Lächeln beobachtete sie, wie Tammo dem Fahrzeug der Polizei entgegen fuhr und von einem Beamten zum Anhalten aufgefordert wurde.

Tammo musste aus dem Wagen steigen.
Wenig später erkannte sie Hauptkommissar Precht, der ihrem Bruder die Geldbündel abnahm. Jule konnte einen Freudenschrei nur mit Mühe unterdrücken.
Ihr Plan war aufgegangen.
Sie ging hinunter ins Wohnzimmer. Es war Zeit, sich ein Glas Champagner zu gönnen und auf den einfältigen Bruder anzustoßen. Jule ließ den Korken knallen, als gäbe sie eine große Party. Sie hatte das Glas kaum bis zur Hälfte ausgetrunken, als es erneut an der Tür klingelte.
Jule verharrte einen Moment vor dem Spiegel im Flur und versuchte ernst dreinzuschauen, bevor sie die Tür öffnete.
„Moin Frau Deichhorst. Vielen Dank für Ihren Anruf. Zum Glück hat mich Ihre Nachricht rechtzeitig erreicht. Ich freue mich, Ihnen mitteilen zu können, dass ihr Bruder das Geld bei sich hatte. Leider können wir den Einbruch und den Diebstahl in ihr Haus noch nicht ganz aufklären. Das Gemälde hatte er nicht dabei.“
Jule machte eine betrübte Miene.
„Ausgerechnet mein Bruder. Ich kann es noch immer nicht glauben. Aber haben Sie ihn sich angesehen? Das Leben scheint es nicht gut mit ihm zu meinen.“
„Es tut mir leid, dass Sie die Sache so mitnimmt. Wir werden die Angelegenheit sicher bald aufklären.“
„Da hoffe ich sehr“, entgegnete Jule und sah, wie Hauptkommissar Precht vor dem Kamin stehen blieb und das Gemälde mit der Birkenlandschaft betrachtete.
„Mögen Sie Kunst?“, fragte Jule und beobachtete Precht, wie er etwas aus seiner Jackentasche zog.
„Nicht unbedingt, obwohl ich ein neugieriger Mensch bin. Mich interessiert viel mehr, wie ihr Bruder darauf kommt, dass auf dem

Gemälde, das er aus seiner Kindheit kennt, der Weg zwischen den Birken im Hintergrund nach rechts führt. Auf diesem Gemälde allerdings führt der Weg nach links."

„Wie Sie sehen, hat sich mein Bruder da wohl geirrt. Sie wissen doch, wie das mit Erinnerungen manchmal ist."

Der Hauptkommissar nickte.

„Vielleicht haben Sie recht. Haben Sie etwas dagegen, wenn ich etwas ausprobiere?"

„Wollen sie das Gemälde auf den Kopf stellen?", witzelte Jule.

Der Hauptkommissar lachte kurz auf.

„Nein, natürlich nicht."

Er zeigte ihr ein Fläschchen und einen Lappen und noch bevor sie ihre Einwilligung zurücknehmen konnte, goss er etwas Flüssigkeit auf einen Lappen und begann am unteren Rand des Gemäldes hin und her zu wischen.

„Was soll das?", schrie Jule entsetzt. „Sie zerstören das Bild!"

Precht ließ sich von ihrem Einwand nicht aus der Ruhe bringen. Er wischte weiter, bis er eine faustgroße Fläche bearbeitet hatte und dahinter eine weitere Farbschicht auftauchte.

Mit ernster Miene wandte er sich an Jule.

„Gehe ich recht in der Annahme, dass wir gerade auf ein Stück des verschwundenen Bildes schauen?"

Noch ehe sie etwas darauf sagen konnte, hörte sie die Stimme ihres Bruders.

„Sie hat ihr eigenes Bild einfach übermalt und als gestohlen gemeldet. Da sie das Originalbild mit der Birkenlandschaft schon vor Jahren vernichtet hat, ist ihr bei der Reproduktion leider ein Fehler unterlaufen. Wie das manchmal so ist mit den Erinnerungen."

Jule sah ihren Bruder mit wütendem Blick an. Zornesröte stieg ihr ins Gesicht, bevor sie ihn anschrie:

„Wie kommst du denn hier rein? Ich dachte, du sitzt mit Handschellen im Polizeifahrzeug."
Tammo hob entschuldigend die Schultern.
„Nicht ganz."
Hauptkommissar Precht mischte sich ein.
„Vielleicht hätten Sie sich für ihren Bruder und darüber, was er beruflich macht, interessieren sollen"
Tammo trat an Jule heran, zeigte auf ihre Hände und ließ die Handschellen vor ihr baumeln.
„Wenn ich bitten dürfte."
Tammo legte seiner verdutzten Schwester die Handschellen an.
„Was für ein interessanter Versuch, mich erneut reinlegen zu wollen. Eine Sache bereitete Kommissar Precht allerdings Kopfzerbrechen bei der Untersuchung des von dir gemeldeten Einbruchs. Deinen Angaben zufolge kam der Einbrecher durch den Wintergarten.
Die Spurensicherung fand auch Glasscherben, doch diese befanden sich nicht im Wintergarten, sondern außerhalb.
Er zweifelte folglich, ob es sich tatsächlich um einen echten Einbruch handelte oder du einfach nur die Öffentlichkeit auf dich aufmerksam machen wolltest, um den Verkauf deiner Bilder wieder anzukurbeln. Das du mir, einem Kommissar des Hamburger Betrugsdezernats, die Sache unterschieben wolltest, machte es nicht besser. Wie sagt man dazu in deinen Kreisen? Ich denke man nennt es Künstlerpech."

SCHLOSS RASTEDE

Das im klassizistischen Stil umgebaute Schloss zu Rastede befindet sich in einer ausgedehnten Parkanlage, die im Stil englischer Landschaftsgärten angelegt wurde.
Das Schloss ist noch heute in Privatbesitz und dient seit Anbeginn als Residenz der Grafen und der Großherzöge des Hauses Oldenburg.
Neben dem Schloss befindet sich das **Kavaliershaus**, das von der herzoglichen Familie als Gästehaus genutzt wurde. Ebenfalls eine Attraktion in der großzügig angelegten Schloss- und Parkanlage ist das **Hirschtor**, der Eingang zum Rasteder Schlosspark. Das Tor wurde im Jahre 1870 errichtet.

PALAIS

Gegenüber des Schlosses steht das **Erbprinzenpalais**, welches für verschiedene kulturelle Veranstaltungen genutzt wird. Außerdem befindet sich im Palais das Gemeindearchiv.

ST. ULRICHS-KIRCHE

Am Denkmalsplatz 2, 26180 Rastede

Die St. Ulrichs-Kirche mit ihrer frühromanischen, dreischiffigen Hallenkrypta wurde 1059 erbaut. Die Kirche zeichnet sich durch ihren Kirchenraum aus, der mit einem

bäuerlichen Wolkenhimmel und Malereien im Rokokostil verziert ist. Der freistehende Glockenturm ist das Wahrzeichen von Rastede.
Kirchenführungen: Mai bis Oktober, Jeden Freitag um 17 Uhr

o FÜHRUNGEN IN RASTEDE (Auswahl)

Palais un Palaisgaarn op Platt
Diese Führung durch das Palais und den ausgedehnten Palaisgarten findet auf Plattdeutsch statt.
Treffpunkt: Eingang Palais, Rastede, Feldbreite 23
Dauer: 1 Stunde

Lustwandeln auf herzoglichen Pfaden des 19. Jahrhunderts
Bei dieser Führung spazieren Sie vom Herzoglichen Palais, dem Palaisgarten und dem Schlossgarten vorbei am Ellernteich bis zur Wassermühle und erfahren nebenbei Wissenwertes über das Leben der Großherzöge in Rastede.
Treffpunkt: Palais Rastede, Feldbeite 23
Dauer: 1,5-2 Stunden

Bilderrätsel und Lügentor
Bei einem Spaziergang durch Rastede erzählt die Gästeführerin Interessantes über die verschiedenen Sehenswürdigkeiten Rastedes. Doch stimmen diese Geschichten? Es werden Bilder der Sehenswürdigkeiten gezeigt. Doch ganz sicher hat sich auf dem ein oder anderen Bild ein Fehler eingeschlichen.
Treffpunkt: Denkmalsplatz
Dauer: 1,5-2 Stunden

BEACHCLUB NETHEN

Bekhauser Esch, 26180 Rastede

Ob Wasserski, Wakeboarden (mit 16 Hindernissen im Wasser), Fußball spielen, Beachvolleyball, einfach nur schwimmen oder am Ufer in der Sonne liegen- der Beachclub Nethen bietet für jeden Besucher etwas, um vom Alltag auszuspannen.

Im Beachclub befindet sich außerdem ein Restaurant, das seinen Gäste nicht nur ein Frühstück anbietet, sondern sie auch mit einer kleinen, aber feinen Auswahl an Speisen, verwöhnt.

Weitere Informationen unter: Tel.: 04402 / 696250

WILDTIERAUFFANGSTATION

Parkstraße 154, 26180 Rastede

Die Wildtierstation Rastede ist die größte Einrichtung für Pflege und Wiederauswilderung im Weser-Ems-Gebiet.

Im Durchschnitt werden bis zu 1500 heimische Wildtiere, aber auch exotische Tiere, wie Papageien oder Schildkröten aufgenommen.

An einer Führung kann nur nach telefonischer Absprache teilgenommen werden.

Gruppengröße: von 10 Personen bis max. 25 Personen

Die Führung beginnt jeweils um 15:00 Uhr auf dem Hof vor dem Stationsgelände.

Preis pro Person: 3 € + einer zusätzlichen Spende

Weitere Informationen unter: Tel.: 04402 / 985 444

Sportsgeist

Wie jeden morgen parkt Leo Hansen seinen roten Skoda Monte Carlo eine Stunde vor Arbeitsbeginn auf seinen Stellplatz vor der Bankfiliale.
Gunnar Meiners, sein Arbeitskollege, wartet bereits am Eingang auf ihn.
Zusammen gehen sie zum Büro ihres Chefs zur morgendlichen „Spielstunde".
Ihr Chef, Arnold Vetter, wurde vor fünf Jahren von Köln hierher in die Filiale nach Westerstede versetzt. Sehr schnell mussten sie sich daran gewöhnen, dass ihr Chef ihnen gleich am ersten Tag das Du anbot und das Team mit kleinen Teamübungen zu motivieren versucht.
Während Leo Hansen dessen Art anfangs ganz witzig fand und sie auf seine rheinische Mentalität schob, gingen ihm die Übungen so langsam gegen den Strich.
Gunnar klopft an die Tür des Chefs und öffnet sie vorsichtig.
„Nur nicht so schüchtern. Kommt rein!"
Leo und Gunnar nehmen auf den Stühlen vor dem Schreibtisch ihres Chefs Platz und wünschen ihm einen guten Morgen.
Kaum sitzen sie, beugt sich Vetter mit seinem schmalen, aber athletischen Körper über den Tisch und hält ihnen seine rechte, zur Faust geballte Hand hin, aus der zwei gleichlange Bleistifte ragen.
„Ihr kennt das Spiel ja. Wer den kürzeren Stift zieht, muss an den Kundenschalter, der andere wickelt die Online-Geschäfte ab."
Auffordernd schaut er zu Gunnar.
„Gunnar, heute darfst du als Erster ziehen!", grinst ihn sein Chef an und imitiert mit der anderen Hand einen kleinen Trommelwirbel auf der Tischplatte.

Gunnar hat Glück. Er darf sich für den Rest des Tages im Büro verkriechen, in dem er vor seinem Chef sicher ist.
Nur der Form halber zieht Leo den kurzen Stift aus Vetters Faust. Die beiden Männer wollen sich gerade erheben, als Vetter mit einem Handzeichen zu verstehen gibt, dass sie noch nicht entlassen sind.
„Nicht so schnell."
Mit diesen Worten holt er unter einem Aktenordner drei Kartenstapel hervor.
„Wie ihr wisst, ist im Moment ziemlich viel zu tun. Schreiber und Kallenbach haben sich krank gemeldet und da ist einiges an Arbeit liegen geblieben."
Er zeigt auf die Kartenstapel.
„Hier ist die Lösung", verkündet er und gibt jedem von ihnen einen Stapel.
„Habt Ihr Lust?"
Als keiner von beiden antwortet, meint er:
„Jeder von uns mischt seinen Kartenstapel schön durch, legt ihn auf den Tisch und hebt die oberste Karte ab. Wer die Karte mit der höchsten Punktzahl hat, darf heute eine Stunde länger arbeiten."
„Was für ein Idiot", denkt Leo bei sich und versucht den Schein zu wahren. Auch Gunnar hat sichtlich Mühe, sich sein Unverständnis nicht anmerken zu lassen. Doch weder er, noch Leo wagen es aufzustehen und einfach zu gehen. Beide wissen, dass zu viel auf dem Spiel steht und sie besser gute Miene zum bösen Spiel machen sollten, als sich gegen ihren Chef aufzulehnen.
Gunnar und Leo hatten sich vor Kurzem beide auf den Posten zum stellvertretenden Filialleiter beworben. Ihr Chef würde sich morgen für einen von beiden entscheiden. So kurz vorm Ziel wollte keiner von Ihnen mit einer unbedachten Reaktion seine

eigenen Chancen auf den freien Posten verspielen. Leo dreht seine Karte um. Herz König. Auch Gunnar spielt mit. Karo König.
„Ha, gewonnen!“, ruft Vetter, als er seine Karte umdreht und ein Herz Dame vor sich legt. Mit gespielter Anteilnahme schaut er Leo und Gunnar an.
„Nun schaut nicht so betröppelt. Beide ein König, dann müsst ihr eben beide heute Abend eine Stunde mehr arbeiten. Zeigt ein bisschen mehr Sportsgeist. Ihr hättet ja auch nein sagen können.“
Glucksend dreht er seinen Kartenstapel um.
„Übrigens, ihr hattet nicht den geringsten Hauch einer Chance.“
Er tippt auf den gezinkten Stapel, der nur Damen enthält.
„Solltet ihr mich wegen Falschspielens anzeigen wollen, nur zu....“
Sein Lachen schallt durchs Büro. Er selbst scheint am meisten Spaß daran zu haben, dass er die beiden reingelegt hatte.
Plötzlich wird er ernst, setzt sich aufrecht in seinen Sessel und öffnet einen Aktenordner. Er legt jedem jeweils zwei Blätter hin. Vetter holt tief Luft, streicht sich durch sein langes, nach hinten gegeltes Haar und zeigt auf die Blätter.
„Morgen ist also der große Tag für einen von euch zwei. Doch vorher habe ich noch eine schlechte Nachricht.
Die Zentrale hat beschlossen, in den nächsten Monaten Stellen abzubauen. Die Finanzkrise hat auch bei uns in der Firma ihre Spuren hinterlassen. Bis jetzt gibt es noch keine konkreten Zahlen über die Anzahl der abzubauenden Stellen.
In den fünf Jahren, in denen ich euer Chef bin, habe ich dafür gesorgt, dass wir als Team mit großem Sportsgeist unsere tägliche Arbeit verrichten. So soll es auch bleiben. Und da wir seit langem eine Vorzeigefiliale in diesem Unternehmen sind, möchte ich der ganzen Entwicklung vorweg greifen und in diesem Unternehmen als Filialleiter mit gutem Beispiel vorangehen.

Aus diesem Grund habe ich für euch beide einen Vertrag aufgesetzt. Oder nennen wir es besser die Spielregeln für die morgige Präsentation, die ihr jeweils einzelnd halten werdet.
Wer von euch die bessere Vision für eine Filiale der Zukunft präsentieren kann, der bekommt den Posten als stellvertretender Filialleiter. Dem Verlierer wird gekündigt und er muss das Unternehmen verlassen."
Vetter schaut Leo und Gunnar abwechselnd an. Da sie schweigen, ergreift er erneut das Wort.
„Seht es mal so. Jeder von euch ist gut. Doch ich brauche nur einen auf dem Stellvertreterposten. Ich möchte jedoch dem Verlierer die Schmach ersparen und ihm die Chance geben, seine Fähigkeiten an anderer Stelle optimal einsetzen zu können."
Wieder zeigt er auf die Papiere, die unangetastet vor Leo und Gunnar liegen.
„Der Vertrag als solches ist natürlich nicht rechtswirksam. Der Verlierer muss auf eine Abfindung verzichten und unterschreiben, dass er nicht vors Arbeitsgericht zieht. Aber ich denke im Sinne der sportlichen Fairness ist das ein guter Deal."
Leo nimmt die beiden Blätter in die Hand und beginnt den Text genau zu lesen. Jedes einzelne Wort ist auf Vetters Mist gewachsen. Er hat sich nicht einmal einen Rechtsanwalt, der sich mit dem Verfassen von Verträgen auskennt, zur Hand genommen. Der ganze Vertrag ist eine Farce, ein Schlag ins Gesicht. Doch was soll er tun? Wenn er ablehnt, ist er sofort aus dem Spiel.
Leo schaut Vetter direkt ins Gesicht.
„Kann ich mir das bis morgen durch den Kopf gehen lassen?"
Er weiß, dass er mit dieser Frage mit dem Feuer spielt. Vetter könnte darauf bestehen, dass er sofort unterschreibt. Zu seinem Erstaunen nickt dieser und steht auf.
„Klar Tore. Du hast Zeit bis zur morgigen Präsentation."

Leo nickt dankbar und schaut zu Gunnar, der sich bereits einen Stift von Vetters Schreibtisch genommen hat und die zweifache Ausfertigung des Vertrages unterschreibt.
Schleimer, denkt Leo und wendet sich zum Gehen. Als er die Hand auf die Türklinke legt, ruft Vetter ihm nach:
„Dafür, dass ich so gnädig bin und dir Bedenkzeit einräume, holst du mir aber einen frischen Kaffee aus der Küche", lacht er und setzt sich wieder an den Schreibtisch, um von Gunnar den unterschrieben Vertrag entgegenzunehmen.
Leo schließt die Bürotür hinter sich.
Der einzige Grund, warum Vetter ihm seine Bitte nicht abgeschlagen hat, war nicht seine Großzügigkeit, sondern sein Spaß an Machtspielen.
Leo geht in die Küche, gießt Kaffee in den Becher und geht zurück zum Büro des Chefs. Just in dem Moment, in dem Leo an die Tür klopfen will, vernimmt er Vetters verschwörerisch klingende Stimme. Leo kann gerade noch die erhobene Faust zurückhalten und verharrt in der Bewegung.
Er lauscht und hört, wie sein Chef Gunnar versicherte, dass er morgen auf jeden Fall die Stelle bekommen wird.
Leo schüttelt den Kopf, starrt ungläubig auf die Tür und glaubt, seinen Ohren nicht zu trauen. Hat er das gerade richtig verstanden? Wut steigt in ihm auf und er muss sich zusammennehmen, um den Kaffee nicht zu verschüttet.
„So ein Mistkerl", murmelt er vor sich hin und beschließt dieser Schmierenkomödie etwas entgegenzusetzen. Es wird langsam Zeit, den Chef mit seinen eigenen Waffen zu schlagen.
Leo stellt den Becher auf den Boden vor der Tür ab. Es ist ihm egal, ob Gunnar oder der Chef später über ihn stolpern werden. Vielleicht bräche sich ja einer von beiden das Genick dabei. Um keinen von ihnen wäre es schade.

*

Einen Tag später, kurz vor der Präsentation, gibt Leo den Vertrag unterschrieben bei seinem Chef ab. Dieser setzt hocherfreut seine Unterschrift daneben, gibt Leo eine Ausfertigung zurück und schiebt die andere in den Aktenordner zu Gunnars unterschriebenem Vertrag.

Natürlich hat sich Leo für die Präsentation vorbereitet. Und als er vor den Kollegen am Flipchart steht, erläutert er die Möglichkeiten Kunden über die sozialen Medien zu gewinnen, ohne auf ein ausgedünntes Filialnetz zu verzichten.

Seine Ausführungen stoßen auf großes Interesse. Doch Leo macht sich nichts vor. Er weiß, egal wie seine Präsentation verläuft, egal wie viel Zuspruch seine Ideen erhalten, die Würfel sind gefallen.

Gunnar ist Vetters Wunschkandidat. Das Einzige was jetzt noch zählt ist der Vertrag und den würde er erfüllen, egal was danach käme.

*

Eine halbe Stunde nachdem auch Gunnar seine Präsentation hinter sich gebracht hat, ruft Leos Chef ihn zu sich ins Büro.

Wie nicht anders zu erwarten, verkündet Vetter, dass Gunnar den Posten des stellvertretenden Filialleiters erhält.

Als Trostpreis erhält Leo eine Eintrittskarte für das **LandErlebnis Janßen** und einen Spielplan für das **Freilichttheater** in Westerstede, sowie einen Gutschein für eine **Draisinenfahrt** für zwei Personen. Leo schluckt hart und verdrängt den Gedanken, die angesichts dieser offensichtlichen Schmach in ihm aufsteigen.

„Tut mir leid, Leo. Aber ich muss mich nun von dir verabschieden."
Vetter schaut Leo auffordernd an. In Leos Gesicht macht sich mit einem Mal ein hämisches Grinsen breit.
„Nicht doch Arnold. Es muss dir nicht leid tun. Vertrag ist doch Vertrag."
Vetters wohlgefälliger Gesichtsausdruck weicht einer fragenden, fast schon verdutzten Miene. Zögernd nickt er und genießt es, dass Leo ihn endlich beim Vornamen nennt. Wohlwollend klopft er ihm auf die Schulter.
„Du sagst es. Ein Mann, ein Wort."
Leo wendet sich an Gunnar und reicht ihm die Hand, um ihm zu seinem neuen Posten zu gratulieren. Plötzlich fühlt er Mitleid mit ihm. Ohne Hellseher zu sein, ahnt er, dass Gunnar für immer der ewige Stellvertreter bleiben wird.
„Alles Gute für die Zukunft, Gunnar".
Dieser nickt nur, sichtlich um die richtigen Worte bemüht.
„Halt die Ohren steif. Man sieht sich...", sagt er schließlich.
Hoffentlich nicht, denkt Leo und antwortet:
„Klar, auf jeden Fall."

*

Leo schaut auf das kleine Anwesen seines Chef, das direkt an der Norderstraße liegt. Das Haus ist ein in weiß und bordeauxrot gestrichenes Holzhaus im schwedischem Stil. Vor dem Haus erstreckt sich eine frisch gemähte Rassenfläche, die ab und an durch kleine Rhododendronbüsche unterbrochen wird.
Er wartet bereits seit einer Stunde in seinem Wagen. Langsam fragt er sich, ob er seinen Besuch auf den nächsten Tag verschieben sollte. Im gleichen Augenblick sieht er den schwarzen Audi seines Chefs, wie er über die Auffahrt zur Garage rollt.

Ein leichter Nieselregen setzt ein, als Leo sein Fahrzeug verlässt und gemächlichen Schrittes die Auffahrt zum Haus hinaufgeht. Hinter einem der Fenster geht gerade das Licht an.
Leo drückt auf die Klingel neben der Eingangstür und dreht sich zur Straße um. Der Verkehr ist mäßig und die Nachbarn scheinen bei dem einsetzenden Schmuddelwetter lieber zu Hause zu bleiben.
Er braucht nicht lange zu warten, bis die Silhouette seines Chefs hinter der Glastür auftaucht.
Als sich die Tür öffnet, schaut Leo in ein erstauntes Augenpaar.
„Leo? Was machst du denn hier? Du hast eindeutig zu viel Freizeit. Wollen wir ein Bier zusammen trinken?"
Ohne darauf zu antworten, holt Leo ein Blatt aus der Innentasche seiner Jacke und reicht es ihm.
Vetter ergreift das Blatt und bittet ihn ins Haus.
„Das ist unser Vertrag", erklärt Leo emotionslos.
„Ja, das sehe ich."
„Nun, ich bin gekommen, um den Vertrag auch restlos zu erfüllen, so wie es vereinbart ist."
Vetter runzelt die Stirn.
„Was meinst du? Der Vertrag ist doch von uns beiden erfüllt worden."
„Nicht ganz."
Leo beugt sich zu Vetter, tippt auf das Kleingedruckte.
„Aber das habe ich da nicht hingeschrieben." Vetter wendete das Blatt hin und her. „Das ist nicht der Ursprungsvertrag."
„Du hast ihn heute doch eigenständig unterschrieben. Hättest ihn aufmerksam durchlesen müssen. Wie sagst du immer...? Du hättest auch nein sagen können."
„Was soll das? Willst du willst mich reinlegen?
Du hast mir diesen Vertrag untergeschoben."

Leo hebt gleichgültig die Schultern.
„Und wenn schon. Sieh es sportlich. Deine Unterschrift, meine Unterschrift, unser Vertrag. Der sollte doch eingehalten werden, oder?“
Leo grinst.
„Seit wann hast du etwas gegen ein wenig schummeln? Du spielst doch gern mit gezinkten Karten. Ich habe mich trotz dessen an die Vereinbarung gehalten und Überstunden gemacht.“
Erneut liest Vetter das Kleingedruckte. Diesmal laut, als könne er damit bewirken, es ungeschehen zu machen.

Bei einer Kündigung von Herrn Leo Hansen (Vertragspartner1) und dem damit verbundenen Eingriff in sein Leben, ist dieser aus sportlicher Fairness ebenfalls dazu berechtigt, unmittelbar in das Leben von Herrn Arnold Vetter (Vertragspartner 2) einzugreifen. Die Art des Eingriffs bestimmt Herr Leo Hansen (Vertragspartner 1).

„Was soll das alles bedeuten? Was hast du vor?“
„Ich werde dich umbringen. Aber da du ja immer den Sportsgeist hochhältst...“
Mit diesen Worten holt Leo ein Rasiermesser und ein großes Küchenmesser hervor.
„...darfst du dir die Art deines Todes aussuchen. Willst du mit durchgeschnittener Kehle oder aufgeschlitzten Pulsadern enden?“
Vetter weicht entsetzt zurück und tippt sich aufgebracht an den Kopf.
„Du bist doch nicht ganz richtig im Kopf! Bist du jetzt vollkommen übergeschnappt?“
Leo macht einen Schritt auf Vetter zu.

„Also Arnold. Messer oder Rasierklinge?“
Vetter stolpert rückwärts und schnappt nach Luft.
„Hör doch auf damit. Vergiss den Vertrag. Ich erkläre ihn für nichtig.“
„Geht nicht Arnold, du hast Gunnar den Posten schon gegeben. Er ist der Gewinner.“
„Aber ich kann mit Gunnar reden.“
„Nein, ich will nicht, dass du wegen mir dein Wort brichst.“
„Sag, was willst du dann?“
„Ich will, dass du deine Todesart wählst.“
„Nun ist aber gut. Lass den Quatsch.“
Hektisch schaut er sich um, als suche er einen Fluchtweg. Leo steht breitbeinig im Hausflur, an ihm kommt er nicht vorbei.
„Ach Arnold. Jetzt bist du aber der Spielverderber. Da du beide Möglichkeiten ablehnst, biete ich dir eine dritte an. Ich will ja nicht so sein.“
Leo zieht eine Pistole aus seinem Hosenbund.
„Vertrag ist Vertrag, egal unter welchen Bedingungen er zu stande gekommen ist. Das habe ich von dir gelernt.“
Leo zielt mit der Waffe auf Vetter und richtet seine letzten Worte an ihn.
„Machs gut alter Sportsfreund.“
Dann drückt er ab.

*

Ein lauter Knall reißt Leo Hansen aus seinem unruhigen Schlaf. Er ist letzte Nacht spät ins Bett gegangen und im Geiste immer wieder seine Präsentation durchgegangen.
Müde schleicht er nun in die Küche, aus der es nach frischem Kaffee duftet.

„Guten Morgen, mein Schatz. Tut mir leid, mir ist der Kochtopf beim Wegräumen aus der Hand geglitten“, begrüßt ihn seine Frau Jette, die am Frühstückstisch schon auf ihn wartet.
„Kein Problem, so bin ich fünf Minuten vor dem Wecker wach geworden.“
Liebevoll lächelt sie ihren Mann an. Sie weiß, dass er heute seinen ersten wichtigen Termin als frisch gebackener stellvertretender Filialleiter haben wird.
Heimlich hat sie zwei Karten für die **Museumsbahn** gekauft, um ihm damit am Wochenende zu überraschen. Jette bestreicht für Leo eine Brötchenhälfte mit Butter und Konfitüre und legt sie auf seinen Teller. Mehr würde er heute Morgen sicher nicht herunter bekommen. Seit Tagen läuft er wie ein aufgescheuchtes Huhn herum. Sie mag es, wie er sich in die Arbeit hineinkniet, doch manchmal muss sie ihn auch bremsen. Das heute war eine große Sache, aber danach würde sie dafür sorgen, dass er etwas zur Ruhe kam.
Eine halbe Stunde später verlässt Leo das Haus. Er hat nur einen Schluck Kaffee getrunken und zweimal ins Brötchen gebissen.
Jette steht an der Haustür und winkt ihm nach, als er mit dem Auto aus der Einfahrt ihres kleinen Häuschens in der Norderstraße fährt. Als Leo seinen Wagen vor der Bankfiliale parkt, sieht er den Hausmeister schon am Eingang auf ihn warten.
Zusammen gehen sie zum Konferenzraum. Auf dem Weg dahin erzählen sie sich gegenseitig, wie sie den gestrigen Abend verbracht haben und schimpfen über das heutige Nieselwetter.
Gunnar Meiners lässt Leo den Vortritt in den Konferenzraum. Mit ein paar kurzen Sätzen erklärt der Hausmeister Leo die Funktion der aufgebauten Technik, bevor er ihm viel Glück für die Präsentation wünscht und den Raum wieder verlässt.

Leo packt seine Unterlagen aus und schaut zur Uhr an der gegenüberliegenden Wand. Er hat noch eine Viertelstunde, bis die Kollegen eintreffen.
Im selben Augenblick betritt sein Chef, Arnold Vetter, den Raum.
„Guten Morgen Herr Hansen. Ich hoffe Sie haben gut geschlafen?"
„Es geht so", antwortet Leo und gibt seinem Chef zur Begrüßung die Hand.
„Und, aufgeregt?", fragt ihn dieser mit einem leichten Schmunzeln im Gesicht.
„Ja, ein bisschen."
Der Chef nickt.
„Ging mir früher auch so. Ein bisschen Aufregung ist gut. Es ist das sichere Zeichen, dass man die Sache ernst nimmt."
„Da haben Sie wohl recht."
Der Chef lässt seinen Blick über die leeren Stuhlreihen schweifen.
„Bin gespannt, wer heute zu spät kommt. Wollen wir eine kleine Wette abschließen?"
Leo hebt abwehrend die Hände in die Luft.
„Nein, Herr Vetter. Bitte keine Wetten am frühen Morgen."
„Also gut, dann lass ich Sie noch einem Moment allein."
Sein Chef nickt ihm aufmunternd zu.
„Sie werden Ihre Sache gut machen, davon bin ich überzeugt. Sehen Sie es einfach mit einem gewissen Maß an Sportsgeist"
„Das werde ich tun, Herr Vetter. Bis gleich. Danke für den Tipp."

○ DRAISINENFAHRT

1. April bis 15. Oktober

Auf einer sieben Kilometer langen, stillgelegten Schienenstrecke von Westerstede nach Ochold, können Ausflügler sich auf eine Fahrt mit einer Draisine begeben.
Ob zu viert oder in einer Gruppe bis zu sechzehn Personen kann man bei dieser Fahrt kräftig in die Pedale treten und dabei die Landschaft des Ammerlandes genießen. Drei Stationen auf der Strecke laden zu einer kleinen Pause ein.

Bei der Fahrt ist ein vorgegebenes Zeitfenster einzuhalten! Der Draisinenbahnhof befindet sich auf dem Gelände der Baumschule G.D.Boehlje, Oldenburger Straße 9 in Westerstede.

Abfahrtzeiten ab Westerstede:
jeweils 09:30 Uhr / 14:00 Uhr / 18:30 Uhr
Zudem kann eine Verpflegung mit gebucht werden.
In Ochold wird ein Frühstück / Kaffee und Kuchen / Eintopf / Schnitzelessen angeboten.
In Westerstede ab 10 Personen ein gemütliches Grillen.

Weitere Informationen unter:
Draisinenspaß Ammerlands
Am Markt 2
26655 Westerstede
Tel.: 04488 / 55603

❍ MUSEUMSEISENBAHN AMMERLAND-BARSSEL-SATERLAND E.V.

Am Wasserturm 8, 26655 Westerstede

Seit 1995 verkehrt ein historischer Schienenbus (April bis Oktober) auf der Strecke von Westerstede über Ochold und Elisabethfehn nach Sedelsberg. Die Strecke führt durch die Ammerländer Parklandschaft und dauert bei einer Fahrtgeschwindigkeit von 40 km/h etwa zwei Stunden.
Hobbylokführer können ein „Zugführerpatent“ erwerben.
Ein kleines Bordbistro sorgt für Erfrischungen.
Außerdem bietet die Museumseisenbahn auch Kohl-, Spargel- und Sonderfahrten zu Festen in der Umgebung an.
Weitere Informationen unter: Tel.: 04499 / 1539

❍ LANDERLEBNIS JANSSEN

Seghorner Weg 6, 26655 Westerstede

Das LandErlebnis Janßen bietet eine Fülle an Erlebnissen für die ganze Familie. Neben einem Outdoor Spielplatz, einem Mini Bagger, einem riesigen Sprungkissen, einer Wasserlandschaft, in der nach Herzenslust herumplantscht werden kann gibt es auch eine Kreativwerkstatt, in der beim Malen und Basteln die eigenen Fingerfertigkeiten ausgetestet werden können. Eine besondere Attraktion ist die verrückte, umgedrehte Spielscheune. Außerdem bietet Omas Landküche Frühstück, Kaffee und Kuchen, Hausmannskost, Suppen und saisonale Gerichte an.

Im Hofladen kann man Geschenkartikel, nützliche Dinge für den Haushalt oder Spielzeug und kleine Leckereien kaufen.
Öffnungszeiten:
Montag bis Sonntag von 09:00 Uhr bis 18:00 Uhr
Weitere Informationen unter: Tel.: 04488 / 8420071

○ FREILICHTTHEATER

Alle zwei Jahre im Sommer inszeniert die Freilichttheatergemeinschaft Stücke mitten in Westerstede auf dem Alten Marktplatz. Die Gemeinschaft wurde 1990 gegründet und hat sich zum Ziel gesetzt, heimatgeschichtliches Kulturgut auf die Bühne zu bringen. Allerdings darf auch das ein oder andere moderne Theaterstück nicht fehlen.

Die Frau nebenan

Das erste was Georg von seiner neuen Nachbarin wahrnahm, war ihre Stimme. Ihre Stimme, die in ein Lied einstimmte, das mitten in der Nacht aus dem Radio tönte.
Sie schien sehr lebenslustig zu sein und er ertappte sich dabei, wie er Nacht für Nacht sein Ohr an die Wand zur Nachbarwohnung drückte.
Eines Tages hörte er einen Namen, der von einer sonoren Männerstimme gerufen wurde.
„Alma!", rief der Mann. Das musste Jörn sein, der Mann, der auch in der Nachbarwohnung lebte.
Gelegentlich stritten sie sich. Georg konnte nicht hören, worum es ging, doch ab und an wurde eine Tür zugeschlagen oder Möbelstücke durch den Raum geschoben. Es kam auch vor, dass ein leises Schluchzen an sein Ohr drang. Das konnte nur Alma sein, die ihrem Kummer freien Lauf ließ. Es brach ihm beinahe das Herz, sie so leiden zu hören. Er wusste nicht, was er tun sollte. Hatte er das Recht sich in das Leben zweier Menschen, die er noch nicht einmal kannte, einzumischen?

Erst Wochen nach dem Einzug von Alma und Jörn sah Georg die junge Frau zum ersten Mal. Sie stand unten im Hausflur und holte die Post aus dem Briefkasten, während er auf dem Weg zum griechischen Restaurant im **Historischen Bahnhof** war.
Als er sie mit einem fröhlichen „Moin" begrüßte, drehte sie sich zu ihm um, lächelte unsicher, nickte ihm kurz zu und wandte sich wieder ab.
Ohne weiter auf ihn zu achten, ging sie kurz darauf mit schnellen Schritten an ihm vorbei. Georg hätte sich gewünscht, mit ihr ins Gespräch zu kommen. Ihre schüchterne Art schien ihre Schön-

heit, die ihn sofort in seinen Bann gezogen hatte, noch zu unterstreichen.
Sie war von zierlicher Statur, wirkte fast zerbrechlich. Ihre Haut war vornehm blass wie Elfenbein, ihre dunklen Augen warm und tiefgründig. Das rabenschwarze, seidig glänzende Haar trug sie kurz geschnitten, was ihre feinen Gesichtszüge unterstrich.
Als Georg die Haustür öffnete, hörte er die unwirsch klingende Stimme von Jörn.
„Kommst du Alma?"

Einige Tage später sah er die beiden zufällig vor dem **Spielzeugmuseum.** Der Mann an Almas Seite überragte sie um zwei Köpfe und hatte breite Schultern, die von hartem Training zeugten. Sein Haar war kurz geschoren. Er ähnelte einem Türsteher vor einer Diskothek im Hamburger Rotlichtviertel. Alma sah neben ihm zart und zerbrechlich aus, so verloren.
Er hielt ihre Hand fest umschlossen, als habe er Angst, sie könne ihm entwischen.
Kurz vor dem Eingang des Museum, machten sie kehrt, so als hätten sie es sich gerade anders überlegt. Georg liebte es, andere Menschen zu beobachten und sich Geschichten über die von ihm „Observierten" auszudenken. Beim Beobachten der beiden ertappte er sich dabei, dass ihm der Anblick von Jörn an Almas Seite einen Stich versetzte. Er war davon überzeugt, dass der Besuch des Spielzeugmuseums ihre Idee gewesen war und Jörn sie in letzter Sekunde von einem Besuch hatte abbringen können.
Georg hatte sich hinter einem Baum unsichtbar machen wollen, doch Alma hatte ihn entdeckt und ihm unmerklich zugenickt. Er glaubte, ein flüchtiges Lächeln wahrgenommen zu haben. Als beide schnellen Schrittes an ihm vorbei eilten, war er sich sicher,

eine dunkle Verfärbung unter ihrem rechten Auge gesehen zu haben, was ihm wie ein Schlag in die Magengrube fuhr.
Es schien ihr unangenehm zu sein, dass er sie so sah. Festgehalten von Jörns großer Pranke verschwanden beide aus seinem Blickfeld.
Georg wäre nur zu gerne mit ihr in das Museum gegangen. Statt sie fest anzupacken, würde er sie auf Händen tragen.
Jeden Wunsch würde er dieser Frau von den Augen abgelesen. Er würde mit ihr ins **Turmcafé** in der Westersteder Innenstadt gehen, mit ihr einen Ausflug in den **Rhododendronpark-Hobbie** unternehmen, wenn es ihr Wunsch wäre. Er würde ihr seine Welt zu Füßen legen.

Am selben Abend kam es in der Nachbarwohnung zu einem Streit, der anders war, als in den vorangegangenen Nächten. Dazu kam auch, dass Georg sich nun den Mann vorstellen konnte, der Alma anschrie und gegen den sie sich zur Wehr setzen musste.
Der Wutausbruch des Mannes war so gewaltig, dass seine Stimme bis weit in Georgs Wohnung drang.
Jörn schrie so laut, dass Georg keinen Zweifel daran hatte, dass er außer Kontrolle geriet.
Georg stieg aus dem Bett, ging zur Wand und lauschte. Doch die polternden Geräusche übertönten die Worte des Mannes. Von Alma war nichts zu hören. Doch plötzlich kam es ihm so vor, als würde etwas gegen die Wand geschlagen werden.
Er dachte daran, die Polizei zu rufen, doch bis diese eintraf, konnte es schon zu spät sein.
Eilig rannte er zur Wohnungstür, öffnete sie einen Spalt und lauschte in den Flur hinein. Keiner der anderen Nachbarn schien den Streit mitzubekommen, oder vielleicht wollten sie auch nichts hören.

Georg war kein Held und wie er da im Schlafanzug auf dem Flur stand, sah er auch nicht wie einer aus.
Erneut hörte er dumpfe Schläge und hörte Alma um Hilfe rufen. Er fasste allen Mut zusammen und war im Begriff, den Klingelknopf der Nachbartür zu drücken, als er innehielt. Niemand würde ihm öffnen, da war er sich sicher.
„Hör auf, dass kannst du nicht machen. Hör auf mich zu quälen!"
Georg schnappte nach Luft. Ohne darüber nachzudenken ergriff er den Feuerlöscher, der neben dem Treppenabsatz hing und rammte ihn gegen die Wohnungstür. Sie sprang widerstandslos auf. Georg rannte durch den Flur in das Zimmer, aus dem der Lärm kam.
Jörn stand mit dem Rücken zu ihm. Er nutzte den Schwung und hob zum Schlag mit dem Feuerlöscher an. Georg traf ihn seitlich am Kopf. Lautlos glitt der große Mann zu Boden. Georg ließ den Feuerlöscher fallen und sah Alma, die mit einem Buch im Sessel saß und ihn mit großen Augen ansah.
Georg verstand nicht. Irritiert schaute er sich im Raum um. Wo waren die zerbrochenen Möbelstücke? Wieso saß Alma im Sessel? Mit einem Buch?
Plötzlich hörte er einen erneuten Schlag, als klatschte eine flache Hand auf feuchte Haut. Doch außer Alma war niemand im Raum.
Dann sah Georg den Bildschirm auf dem Schreibtisch und begriff, woher die Geräusche gekommen waren.
Dennoch konnte er die Bilder, die sich in seinem Kopf festgesetzt hatten und die sich ihm hier im Raum tatsächlich boten, noch nicht zusammenfügen. Alma sprang aus dem Sessel, rannte zu Jörn und ließ sich neben ihm auf die Knie fallen.
„Was haben Sie getan?", schrie sie Georg an. Doch ihre Stimme hörte sich so anders an. Nicht wie die, die er kannte.

Hilflos wollte Georg sich Alma nähern, doch die schrie ihn weiterhin an. Sie suchte nach ihrem Handy und als sie es endlich fand, wählte sie den Notruf.
All dies beobachtete Georg regungslos, als sei es eine Szene aus einem Film, in dem er nicht mitspielte.
Als die Polizei eintraf und Alma erklärte, was passiert war, stand Georg noch immer neben sich. Wie durch Watte hörte er Almas Erklärungen gegenüber der Polizei, die für ihn keinen Sinn ergaben. Sie sprach von Proben, von Vorbereitungen auf ein Stück des Westersteder Freilichttheaters und davon, dass sie und ihr Freund Jörn wegen ihrer Berufe nur nachts ihre Rollen einstudieren konnten.
Als die Polizei Georg zur Vernehmung mitnehmen wollte, schaute er Alma an und verstand nicht, warum ihre Tränen den blauen Fleck unter ihrem Auge verwischt hatten. Wie war das möglich?, fragte er sich und ließ sich widerstandslos abführen.

Freizeittipps

○ HISTORISCHER BAHNHOF WESTERSTEDE

Am Bahnhof 1, 26655 Westerstede

Der Westersteder Bahnhof wurde im Jahre 1906 von der großherzoglichen Oldenburger Eisenbahn errichtet und steht heute unter Denkmalschutz.
Im Bahnhof befindet sich das Griechische Restaurant **„Signal"**.

Öffnungszeiten des Restaurants:

Montag bis Freitag:	12:00 Uhr bis 14:00 Uhr
	18:00 Uhr bis 24:00 Uhr
Samstag:	18:00 Uhr bis 24:00 Uhr

❍ AMMERLÄNDER SPIELZEUGMUSEUM

Kuhlenstraße 17, 26655 Westerstede

Das Ammerländer Spielzeugmuseum beherbergt mehrere tausend Spielzeuge. Bei einem Rundgang kann der Besucher Puppen, Puppenstuben, Teddybären, Blechspielzeug, handgeschnitztes Holzspielzeug und vieles mehr bestaunen. Der Rundgang durchs Museum ist eine Zeitreise durch die Geschichte des Spielzeugs und für manchen Gast sicher auch eine Reise zurück in die eigene Kindheit.

Öffnungszeiten:

Dienstag bis Donnerstag von 10:00 bis 18:00 Uhr

Weitere Informationen unter: Tel.: 044883 / 3308

❍ TURMCAFÉ

Kuhlenstraße 6A, 26655 Westerstede

Inmitten der Parkanlage „Thalenweide“, einer ehemaligen Viehweide, steht der Wasserturm, der 1933 für die Wasserversorgung gebaut wurde. Nachdem er nicht mehr benötigt wurde, wurde er 1979 verkauft. Der Käufer baute den Turm zu einem achtgeschossigen Wohnturm mit Café um.

Vom Turmcafé, in 33 Meter Höhe, hat man einen wunderschönen Blick über die Gegend.
Bei Kaffee und Kuchen oder einem Frühstück kann man ausgelassen schlemmen.
Öffnungszeiten:

Montag bis Mittwoch:	08:30 Uhr bis 13:00 Uhr
Donnerstag bis Sonntag:	08:30 Uhr bis 17:30 Uhr
Dienstag:	Ruhetag

Weitere Informationen unter: Tel.: 04488 / 4849

❍ RHODODENDRONPARK – HOBBIE

Alpenrosenstraße 7, 26655 Westerstede / Petersfehn

Mit einer Fläche von 70 Hektar und tausenden Rhododendren in verschiedenen Farben und Formen aus größtenteils eigener Züchtung, gehört der Rhododendronpark zu den größten seiner Art in Deutschland
Durch die Anlage führt ein 2,5 Kilometer langer Rundweg, als Teil eines Gesamtwegenetz von 8 Kilometer.
Mit Blick auf die Grünanlagen bietet das Park-Café seinen Gästen Kaffee und Kuchen sowie kalte und warme Speisen.
Parkcafé Öffnungszeiten:
Von ca. Ende April bis ca. Mitte Juni (Blütezeit)
Täglich von 08:00 Uhr bis 19:00 Uhr
Weitere Informationen unter: Tel.: 04488 / 2294

Nicht alle Wunden heilen

Lilo Bonk hielt das Mikrofon hoch und schaute abwartend in die Kamera, die vor ihr stand.

Noch am Morgen bei ihrem ersten Becher Kaffee hatte sie angenommen, dass es einer dieser tristen Tage werden würde, an dem sie zusammen mit ihrem Kameramann Axel von irgendeinem Wochenmarkt oder einer Jahreshauptversammlung des Landfrauenvereins aus berichten müsse, um das Tagesprogramm von Wiefelstede TV zu füllen.

Doch seit den frühen Mittagsstunden, nachdem ein Anruf einer besorgten Bürgerin bei der Polizeidienststelle in Wiefelstede eingegangen war, hatten sich die Ereignisse in diesem beschaulichen Städtchen überschlagen.

Axel zählte „Fünf, Vier, Drei, Zwei Eins“ und gab ihr bei „Null“ mit einem Fingerzeig zu verstehen, dass sie auf Sendung ging.

„Während das Leben im restlichen Teil Deutschlands weitergeht, scheint die Zeit in Wiefelstede seit den frühen Mittagsstunden still zu stehen. Um vierzehn Uhr, eine halbe Stunde nach der entsetzlichen Beobachtung einer besorgten Bürgerin, wurde der Busverkehr eingestellt.“

Lilo Bonk schaute in den Himmel.

„Seit etwa einer Viertelstunde kreist ein Polizeihubschrauber über dem Ort und alle Einsatzkräfte der Polizei des Landkreises Ammerland scheinen nach Wiefelstede abgezogen worden zu sein.“

Mit diesen Worten wandte sich Lilo Bonk nach rechts und Axel schwenkte die Kamera auf einen kleinen beleibten Polizisten, der müde wirkte und nicht wusste, wohin er die Hände stecken sollte.

„Neben mir steht der stellvertretende Einsatzleiter Jens Hude. Herr Hude. Können Sie uns Näheres zu den Vorkommnissen in den Mittagsstunden sagen, die den Ort in diesen Ausnahmezustand versetzt haben?“

Der Polizist räusperte sich, als hätte er einen Frosch im Hals, bevor er erklärte:

„Gegen halb eins betrat Gitte Wieners, eine ehemalige Lehrerin aus Wiefelstede, das Juweliergeschäft Hartung in der Hauptstrasse 26, mit der Absicht eine der hundert Quarzuhren, die aus Anlass des bevorstehenden 125. Wiefelsteder Schützenfestes hergestellt wurden, zu kaufen. Leider stand Frau Wieners nicht auf der Vorbestellliste. Als ihr der Juwelier erklärte, dass er die Uhren nur an die Kunden, die auf der Liste stehen, herausgeben könne und dass Helge Brunken die letzte Uhr bekommen habe, bekam sie einen Wutanfall. Der Juwelier wollte schon in diesem Moment die Polizei verständigen, aus Angst sie würde völlig aus der Fassung geraten und dabei die Auslagen zerstören. Doch als sie mit hochrotem Kopf und geballten Fäusten den Laden verließ, sah er davon ab.“

„Hätte man mit dem Verständigen der Polizei in dieser frühen Phase Schlimmeres verhindern können?“

Der Polizist hob unsicher die Schultern.

„Möglich wäre es, aber das ist reine Spekulation.“

„Wie wir wissen, ging Frau Wieners im Zustand höchster Erregung nach Hause.“

Der Polizist bestätigte Lilo Bonks Ausführungen mit einem Kopfnicken.

„Doch dabei blieb es nicht.“

„Genau. Wenig später beobachtete eine Nachbarin eines gegenüberliegenden Hauses, wie Frau Wieners mit einem Gewehr in der Hand das Haus verließ, die Straße Am Brink hinunterlief und sich wenig später Zutritt ins Haus von Herrn Helge Brunken verschaffte.“

„Und seitdem steht das Haus unter Beobachtung?"
„Genau. Wir haben die Straße Am Brink großräumig abgesperrt. Eine Polizeieinheit hat sich vor dem Haus von Herrn Brunken postiert. Wir bitten auch weiterhin, dass die Einwohner der Straße ihre Häuser nicht verlassen."
Lilo Bonk zauberte Sorgenfalten in ihr Gesicht und schaute den Polizisten aus großen Augen an.
„Wie ich höre, hat es erste Proteste gegen das Vorgehen der Polizei gegeben?"
„Leider ja, aber die Proteste richten sich nicht direkt gegen die Kollegen, sondern gegen die Tatsache, dass seit 14 Uhr nicht nur der **Flugplatz Coneforde** seinen Betrieb eingestellt hat, sondern auch die Supermärkte geschlossen wurden. In der Bevölkerung scheint die verständliche Angst umzugehen, dass Bewohner in den weiträumig abgesperrten Gebieten übers Wochenende verhungern könnten."
„Wie lange glauben Sie, wird der Einsatz noch dauern? Hat man vor, das Haus zu stürmen?"
„Auf Einzelheiten kann ich aus ermittlungstaktischen Gründen nicht eingehen, aber wir werden alles dafür tun, um den Schaden so gering wie möglich zu halten und den Einsatz nicht unnötig in die Länge zu ziehen. Alles wird allerdings vom weiteren Verhalten von Frau Wieners abhängen."
„Danke, Herr Hude, wir werden später nochmal von Ihnen hören!"

*

Gitte Wieners machte sich gerade lächerlich. Sie musste auf Helge Brunken wie eine durchgeknallte, alte Frau wirken, die nicht mehr alle Tassen im Schrank hatte. Ihr gesunder Menschenver-

stand sagte ihr, dass sie nicht länger hier an der Wohnzimmertür stehen, nicht länger das alte Gewehr ihres Vaters auf Helge richten sollte, der vor ihr im Sessel saß und sie mit seinen brauen Augen ansah, in denen sich ein Hauch von Mitleid spiegelte und noch etwas, was sie nicht zu benennen wusste.
Doch sie war bis hierher gekommen und es lag ihr fern, jetzt den Rückzug anzutreten.
Dabei hatte der Tag doch so friedlich angefangen. Sie hatte wie immer seit ihrer Pensionierung vom Schuldienst bis acht Uhr geschlafen und nach dem Aufstehen bei einer Tasse Tee die Wiefelsteder Neue Post gelesen.
Es war sicher nicht nur die Nachricht über den Verkaufsstart der Quarzuhren, sondern auch das Datum 10. August 2018, am oberen Rand der Tageszeitung, durch das sie plötzlich das Gefühl bekam, als zöge sich sich etwas in ihrer Brust zusammen.
Heute vor genau fünf Jahren war Jörn Oltmanns im Alter von fünfundsechzig Jahren gestorben und hatte zwei erwachsene Söhne hinterlassen. Seine Frau war ein Jahr zuvor verstorben. Die Frau, an deren Stelle sie so gern gewesen wäre.
Mit 15 Jahren hatte sie sich in Jörn verliebt. Seitdem waren fünfzig Jahre vergangen. Vielleicht war es an jenem Tag auf dem Schützenfest 1968 auch nur eine Schwärmerei gewesen. Sie hatte es nie herausfinden können und schuld daran war Helge Brunken gewesen, der damalige Freund von Jörn.
Sie hätte sich nicht aufgrund eines Anflugs von Sentimentalität anziehen und auf den Weg zum Juwelier machen sollen. Sie hatte gar nicht damit gerechnet, eine der Uhren erstehen zu können. Sie ahnte, dass um die späte Mittagszeit keine mehr übrig sein würde.
Von der Liste erfuhr sie erst im Laden. Als der Juwelier ihr erklärte, dass Helge Brunken die letzte Uhr gekauft hatte, schien

in ihr etwas überzukochen, dass all die Jahre auf kleiner Flamme vor sich hin geköchelt hatte.
Wutentbrannt hatte sie den Laden verlassen. Es war ihr egal gewesen, was der Juwelier von ihr dachte.
Auf dem Weg nach Hause brachen all die alten Wunden auf und so folgte eins aufs andere, als sie die Waffe nahm und zu Helges Haus marschierte. Sie hatte mit dem Gewehrkolben gegen die Tür gehämmert. Als Helge verwundert die Tür öffnete, hatte sie ihn ohne ein weiteres Wort in den Flur geschoben und ihn mit Hilfe des Gewehrs dazu gebracht, sich in den Sessel im Wohnzimmer zu setzen.
Nach all den Jahren war es nun soweit. Der Tag der Abrechnung war gekommen.
„Gitte, würdest du bitte die Waffe runternehmen? Wir können uns doch wie zwei vernünftige Menschen unterhalten."
Sie wunderte sich, dass das Gewehr in ihrer Hand keinen Eindruck auf ihn zu machen schien.
Doch dann ging ihr auf, dass er, auch nach all den Jahren nicht begriff, was er ihr einst angetan hatte.
„Heute ist Jörns fünfter Todestag", sagte sie und versuchte ihm damit auf die Sprünge zu helfen.
„Ja, ich weiß", antwortete er. „Sag mir einfach, was dich so durcheinander gebracht hat, dass du jetzt mit einer Waffe auf mich zielst."
„Tu doch nicht so. Das weißt du doch ganz genau. Ich hätte gemeinsam mit Jörn durch Leben gehen können. Es ist deine Schuld, dass es nicht dazu gekommen ist."
„Meine Schuld? Was redest du da?"
„Du willst ernsthaft behaupten, dass du dich an jenen Freitag auf dem Schützenfest nicht mehr erinnern kannst?"
„Natürlich kann ich mich an das Schützenfest erinnern."

„Na also, dann weißt du doch ganz genau, was du mir damals angetan hast."
„Du glaubst wirklich, dass ich damals dein zukünftiges Leben beeinflusst habe?"
„Na was denn sonst? Du weißt doch sicher, dass ich mit Jörn zum Eisessen verabredet war. Ich wollte ihn auch zum Tanzen einladen."
Plötzlich sah Gitte vor ihrem geistigen Auge das Festzelt auf dem Marktplatz an der St. Johannes Kirche. Hörte die Musik des Spielmann- und Fanfarenzuges. Sie sah sich wieder mit ihren fünfzehn Jahren, wie sie sich ein Herz gefasst und Jörn nach dem Umzug gefragt hatte, ob er mit ihr ein Eis essen gehen würde. Er hatte nicht gleich Ja gesagt. Doch als sie nicht nachließ, begriff er, dass sie es ernst meinte und es ihr viel bedeuten würde.
Sie trug ihr neues, geblümtes Kleid, das ihre Mutter ihr extra für das Schützenfest genäht hatte. Sie war überzeugt, wenn sie mit Jörn Eis erst einmal essen würde, dann wäre es ein Leichtes ihn auch zum Tanz im Festzelt bewegen zu können.
Helges Stimme riss sie aus ihren Erinnerungen.
„Aber Jörn kam nicht zum Eisstand, wie du dich sicher erinnerst. Weil du kamst und ihn verscheucht hast. Als wäre das nicht schon schlimm genug, hast du mir auch noch das neue Kleid mit deinem Eis ruiniert. Ich weiß, dass es Absicht war. Du warst eifersüchtig auf Jörn, weil er mit mir Eis essen und Tanzen gehen wollte."
„Ja! Ich wollte mit dir Eis essen und tanzen gehen." Gitte schaute ihn entrüstet an.
„Du gibst es also zu. Du warst eifersüchtig auf Jörn. Nur wegen dir musste ich nach Hause gehen, um das Kleid zu wechseln. Als ich später auf dem Festplatz ankam, tanzte Jörn mit einem anderen Mädchen. Mit Gabriela, seiner späteren Frau. Doch die Frau hätte ich sein sollen."

Helge wollte etwas erwidern, doch ein ohrenbetäubendes Krachen ließ ihn verstummen.
Laute Stimmen hallten durch den Flur. Er sah, wie Gitte von der Tür zurückschreckte und dabei ins Stolpern geriet. Die Polizisten, die das Haus stürmten, brachten sie aus der Fassung, so dass sie keinen klaren Gedanken mehr fassen konnte.
Noch ehe die Männer Gitte erreicht hatten, löste sich ein Schuss aus dem alten Gewehr.

*

Lilo Bonk stand erneut vor der Kamera. Seit der letzten Sendung gab es nichts Neues zu berichten. Die Polizei hatte in der Zwischenzeit eine Nachrichtensperre verhängt. Der Polizeisprecher vertröstete die Berichterstatter, die sich in Wiefelstede eingefunden hatten, auf die bevorstehende Pressekonferenz. Aus diesem Grund hatte Lilo Bonk ein paar Experten zu sich gebeten, die das Geschehen unter vielfältigen Aspekten zu beleuchten versuchten.
„Ich stehe in der Kirchstraße von Wiefelstede direkt vor der **St. Johannes Kirche.** Bei mir ist Pastor Eggers von der evangelisch-lutherischen Kirchengemeinde.“
Der Pastor fuhr sich mit der Hand durch sein schütteres Haar und schien peinlich berührt, als er bemerkte, dass er bereits auf Sendung war. Er faltete seine Hände und schaute Lilio Bonk unterwürfig an.
„Herr Pastor, Sie haben beschlossen die Glocken der St. Johannes Kirche ab jetzt jede halbe Stunde läuten zu lassen. Warum?“
Bedächtig erklärte er:
„Nun, ich will ein Zeichen senden. Ein Zeichen an Frau Wieners, das sie zur inneren Einkehr bzw. zum Innehalten bringen und sich an Gottes Wort erinnern soll.“

„Ist Frau Wieners denn ein Mitglied Ihrer Kirche?"
Der Pastor schüttelte traurig den Kopf.
„Nein, aber ich denke der Klang der Glocken wird seine Wirkung nicht verfehlen."
„Mögen die Glocken Gehör finden, Herr Pastor, und damit Schlimmeres verhindern. Vielen Dank!"
Lilo Bonk gab ihm zum Abschied die Hand und die Kamera schwenkte auf Pastor Eggers, der zurück in die Kirche ging.
Lilo Bonk nutzte die Gelegenheit, sich den Schweiß von der Stirn zu tupfen und um ihren nächsten Gast zu begrüßen.
Als die Kamera wieder auf sie schwenkte, stellte sie den Zuschauern ihren nächsten Gesprächspartner vor.
„An meiner Seite hat sich nun Herr Professor Frank Delme eingefunden."
Ein großer, schlanker Mann, mit kurz geschnittenen und nach hinten gegeltem Haar schaute direkt in die Kamera und grinste süffisant.
„Tja, nach Auswertung der Zeugenaussagen war das ja abzusehen", erklärte er in die Kamera hinein.
„Herr Professor Delme, vielleicht sollten wir unseren Zuschauern erst einmal erzählen, dass Sie sich jahrelang mit dem Thema Wut und Angst beschäftigt haben. Sie haben sich zu Studienzwecken oft am **Ferienpark Bernsteinsee** und im **Kletterwald** aufgehalten."
„Ja, zwei ganz wichtige Orte, an denen ich meine Forschung quasi am lebenden Objekt vertiefen konnte."
„Sie stellen die These auf, dass die Gefahr, die von Frau Wiemers ausgeht, nicht zu unterschätzen ist?"
„Bei Frau Wiemer scheint es um eine Kurzschlusshandlung aufgrund von Frustration mit krankhaftem Muster zu handeln. Man muss die Wut, die ungeahnte Kräfte freizusetzen vermag, ernst nehmen."

„Das heißt also, Sie rechnen mit dem Schlimmsten im Haus von Herrn Brunken?“
„Aber selbstverständlich. Auch wenn wir derzeit nicht wissen, ob es tatsächlich nur darum geht, dass Herr Brunken das Objekt der Begierde, besagte Quarzuhr in limitierter Ausgabe, der Frau vor der Nase weggeschnappt hat. Tatsache ist, dass die Frau niemals zugeben würde, dass sie einen Fehler beging, als sie sich nicht auf die Vorbestellliste hat setzen lassen.“
„Danke Herr Professor Delme, für dieses Gespräch.“
„Sehr gern und jeder Zeit wieder.“
Axel schwenkte mit der Kamera einmal zur Kirchturmspitze. Er sah Lilo Bonk an, dass sie etwas loswerden wollte und schaltete für zehn Sekunden den Ton aus.
„Der tickt doch nicht mehr richtig, oder?“
Axel zuckte nur mit den Schultern.
„Keine Ahnung, ich habe nichts von dem verstanden, was er gesagt hat.“
Schon trottete der nächste und letzte Gesprächspartner an und Axel und Lilo Bonk nahmen wieder ihre Position ein.
„Auch wenn die Polizei nicht preisgibt, wie sie weiter vorgehen wird, so fragen wir uns doch, ob es nicht möglich ist, sich dem Haus von Herrn Brunken zu nähern, um sich mit einem Mikrofon oder einer kleinen Kamera einen Überblick über die Vorgänge im Inneren des Hauses zu verschaffen. Dazu habe ich Herrn Lasse Borchers eingeladen. Er ist Fensterputzer und Inhaber der Firma *Scheibenfrei.*“
Diesmal schaute ein athletischer junger Mann, mit schmalem Gesicht, schwarzen kurzen Haaren und stahlblauen Augen in die Kamera.
„Hallo, Sie sehen toll aus!“, begrüßte er seine Gesprächspartnerin und Axel meinte erkennen zu können, dass Lilo Bonk leicht errötete.

Sie räusperte sich kurz, versuchte die Fassung zu bewahren und fragte, ohne auf sein Kompliment einzugehen:
„Herr Borchers, Sie betreiben seit zehn Jahren eine Gebäudereinigungsfirma und haben in dieser Zeit einiges an Erfahrungen sammeln können. Wie sinnvoll wäre es, wenn die Polizei eine Kamera, zum Beispiel am äußeren Fensterrahmen, anbringen würde?"
Herr Borchers grinste und stellte seinen Wassereimer, den er in der linken Hand hielt, auf die Erde.
„Tja, Herr Brunken ist leider keiner unserer Kunden. Es hängt also alles davon ab, ob Herr Brunken das richtige Reinigungsmittel zum Putzen der Fenster genommen hat und ich will und kann nur hoffen, dass er die Fenster nicht bei direkter Sonneneinstrahlung geputzt hat."
„Was wollen Sie damit sagen?"
„Beim Putzen unter direkter Sonneneinstrahlung vertrocknet das Putzmittel sehr schnell und so entstehen oft massive Putzstreifen, die die Qualität der Bilder einer Kamera erheblich beeinflussen können."
Mit diesen Worten verabschiedete sich Lilo Bonk auch von ihrem letzten Gesprächsgast und beendete für den Augenblick die Liveübertragung für Wiefelstede TV und versprach erneut, sich bei neuen Entwicklungen sofort live zu melden.

*

Als Gitte Wiemers die Augen öffnete, brauchte sie einen Moment, um zu begreifen, dass sie bei sich zu Hause in ihrem Bett lag. Der Kopf dröhnte ihr, als wäre eine Walzmaschine über ihre Schädeldecke gerollt.
Sie erkannte Dr. Henseler, ihren Arzt aus dem Ärzte-Zentrum.

„Was ist denn passiert?“, flüsterte Gitte und schaute ihn fragend an.
„Sie haben eine leichte Gehirnerschütterung. Was ansonsten passiert ist, sollten Sie Herrn Brunken fragen.“
Erst jetzt sah sie Helge, der am Fenster stand und sich zu ihr umdrehte.
Er trat neben sie ans Bett und lächelte. Gitte Wiemers entdeckte etwas in seinen Augen, dass sie unsicher machte.
Dr. Henseler verabschiedete sich von seiner Patientin, nachdem er erklärte, dass sie besser für ein oder besser zwei Tage im Bett bleiben solle.
„Ich kümmere mich um sie“, hörte Gitte Helge dem Arzt versichern.
„Das fehlt gerade noch!“, fauchte sie und wollte sich erheben, doch die Kopfschmerzen drückten sie zurück ins Kissen.
„Nun sei mal nicht so kratzbürstig. Du kannst froh sein, dass du mich nicht erschossen hast.“
„Wäre kein Verlust gewesen“, erklärte sie, wenn auch halbherzig.
„Wer waren denn die ganzen Leute, die plötzlich in dein Haus gestürmt kamen?“, wollte Gitte wissen.
Helge erklärte ihr, dass sie einen SEK-Einsatz ausgelöst hatte, als sie mit dem Gewehr in der Hand die Straße entlang gegangen war und in sein Haus trat.
Er erzählte ihr, dass er gegenüber der Polizei behauptet hatte, dass sie zu ihm gekommen sei, weil sie das alte Gewehr ihres Vaters gefunden hatte und nicht wusste, was sie damit machen sollte.
Als sie schauen wollten, ob das Gewehr geladen war, habe sich ein Schuss gelöst.
„Ich denke, du bist noch einmal glimpflich davongekommen.“
Sie spürte plötzlich seine Hand auf ihrem Arm. Auch wenn sie

es nicht wahrhaben wollte, seine Berührung tat ihr gut. Der Tag hatte sie aufgewühlt. Sie hatte ihm eine Menge an den Kopf geworfen. Vieles war sicher ungerecht gewesen. Doch, dass er ihr die Chance verbaut hatte, Jörn an jenem Tag vor fünfzig Jahren kennenzulernen, das konnte er nicht bestreiten.
Helge schien ihre Gedanken zu erraten, schien zu wissen, dass sie gerade in der Vergangenheit weilte.
Er schob ihr ein kleines Päckchen über die Bettdecke zu.
„Was ist das?", fragte sie.
Helge schaute auf das Päckchen, als hätte er es auch erst in diesem Augenblick entdeckt.
„Sieht aus wie ein Geschenk."
„Du musst mir nichts schenken und schon gar nicht diese blöde Uhr. Du weißt, dass es mir nie wirklich um die Uhr ging."
„Ich weiß. Mach es trotzdem auf."
Gitte setzte sich vorsichtig auf und wickelte das Papier von der Schachtel.
Als sie die Uhr umdrehte, sah sie, dass sie eine Gravur besaß.

17.8.1968 – zur Erinnerung

„Sehr witzig. Du weißt doch genau, was das für ein Tag war."
Helge nickte.
„Der Tag an dem ich dir das Eis absichtlich aufs Kleid hab fallen lassen."
Bei seinen Worten verfinsterte sich Gittes Blick.
„Also doch. Du...."
„Und der Tag an dem ich mich in dich verliebt habe."
„Was?" Gitte glaubte sich verhört zu haben. Noch ehe sie etwas erwidern konnte, entdeckte sie einen kleinen, vergilbten Zettel in der Schachtel.
„Das ist doch wohl kein Liebesgeständnis von dir?"
„Nein. Schlimmer."

Gitte verstand nicht was er damit sagen wollte. Neugierig faltete sie das Blatt auseinander. Die Nachricht bestand nur aus wenigen Worten, doch die Handschrift erkannte sie sofort. Sie gehörte unverkennbar Jörn.

Hey Helge,
sei ein Freund und geh bitte für mich mit der Kleinen Eis essen und sorge dafür, dass sie mich nicht weiter nervt. Ich befürchte, sie will mich noch zum Tanz einladen. Dieser Grünschnabel ist erst fünfzehn! Danke!, Ich schulde dir was.
Jörn

Gitte war fassungslos. Immer wieder las sie die wenigen Zeilen, bis sie Helge verwirrt anschaute.
„Und du.....?“
Helge zuckte mit den Schultern.
„Ich war jung und Jörn mein Freund. Klar habe ich das für ihn gemacht. Ich war in dich verknallt, was er nicht wusste. Für mich war das sogar die Gelegenheit. Doch du hattest ja nur Jörn im Kopf.“
Gitte zerknüllte den Zettel und ließ ihn neben das Bett fallen. Helge hob ihn nicht auf. Er wusste, dass sie die Sache erst noch verarbeiten musste, auch wenn jene Ereignisse schon so lange zurücklagen.
Helge zog sich in die Küche zurück. Er spürte, dass Gitte im Moment für sich allein sein wollte.
Da sie nichts davon gesagt hatte, dass er ihr Haus verlassen solle, beschloss er, die Nacht auf dem Sofa im Wohnzimmer zu verbringen.

*

Lilo Bonk war sich sicher, dass ihre letzte Liveschaltung vor dem **Heimatmuseum** kaum noch jemand sehen würde.
Die Auflösung des Falls hatte sich in Wiefelstede längst herumgesprochen.
Die Betreiber der Supermärkte im Ort hatten übers Radio verkünden lassen, dass sie in Absprache mit ihren Angestellten, am Sonntagvormittag für zwei Stunden öffnen würden.
Pastor Eggers hatte das ständige Läuten der Kirchenglocken eingestellt und Lilo Bonk hatte sich die Telefonnummer des smarten Fensterputzers geben lassen, für Axel, der sich selbst nicht getraut hatte.
Als Lilo Bonk auf Sendung ging, ließ sie alle Ereignisse des Tages noch einmal Revue passieren, bedankte sich bei ihren Zuschauern und wünschte eine gute Nacht und einen erholsamen Sonntag.
Als sie die Übertragung beendete, hoffte sie, dass niemand vom Sender auf die Idee kommen würde, sie am nächsten Tag für zwei Stunden von einem der Supermärkte in Wiefelstede aus senden zu lassen.

*

Als Helge am nächsten Morgen Gitte mit frischem Tee und Buttertoast weckte, verkündete er:
„Weißt du was? Wenn es dir wieder besser geht, sollten wir heiraten."
„Was? Habe ich mich gerade verhört? Wie kommst du denn darauf?"
„Na weil ich dich liebe, wie du weißt. Seit damals."
Gitte verschlug es fast die Sprache. Sie schaute Helge an, versuchte in seinem Blick zu lesen, ob er sich über sie lustig machte.
„Außerdem finde ich es spannend. Wir haben beide noch nie vor einem Traualtar gestanden."

Gitte schüttelte den Kopf.
Sie beschloss vorerst nicht auf seinen Vorschlag einzugehen, stattdessen ließ sie ihn weiterreden.
„Wir könnten die Hochzeit auch als Homestory verkaufen. Jetzt wo wir so berühmt sind, wird uns die Presse mit Kusshand überall hin folgen.“
Gitte holte tief Luft.
„Nun hör auf mit diesem Quatsch!“, ermahnte sie ihn mit gespielter Ungeduld.
„Du hast recht. Wir heiraten ohne großen Wirbel.“
Er schenkte Gitte Tee ein und warf ihr ein schelmisches Grinsen zu.
Sie beobachtete ihn dabei und war überrascht, über die wohlige Wärme, die sich in ihrem Körper breit machte.
Sie konnte es nicht leugnen. Sie fühlte sich wohl in seiner Nähe und war ihm dankbar, dass er sie so problemlos aus dem Schlamassel geholt hatte.
Auch wenn eine Hochzeit für sie noch nicht in Frage kam, die Vorstellung in Zukunft mehr Zeit mit Helge zu verbringen, schien ein Anfang zu sein. Und wer weiß, vielleicht, eines Tages...?

○ FLUGPLATZ CONNEFORDE

Dorfstraße 11, 26215 Wiefelstede - Conneforde

Der Flugplatz in Conneforde bietet Rundflüge über das Gelände, das Ammerland und den Jadebusen an. Sie können den Flug in einem 4-Sitzer und 2-Sitzer in einem Trike oder einem Tragschrauber antreten.
Die gewünschte Flugroute stimmt der Gast am jeweiligen Tag mit dem Piloten ab.
Weitere Informationen unter:
Tel.: 04458 / 918220

○ KLETTERWALD

Dorfstraße 8D, 26215 Wiefelstede - Conneforde

Auf einer über drei Hektar großen Waldfläche bietet der Kletterwald „Forest 4 Fun" auf acht Kletterparcoursen, die in verschiedene Schwierigkeitsstufen unterteilt sind, ein Freizeitvergnügen für Jung und Alt.
Sportliche Kleidung und festes Schuhwerk sind zwingend notwendig
Höhepunkt des Kletterwaldes ist der „Monkey Tree". Dies ist ein Kletterelement, bei dem man direkt an einem Baum 15 Meter nach oben klettern kann. Dabei ist man in ein Abseilgerät eingehakt.
Weitere Informationen unter:
Tel.: 04458 / 9487885

○ FERIENPARK AM BERNSTEINSEE

Dorfstraße 11, 26215 Wiefelstede - Conneforde

Der Bernsteinsee ist ein 12.000 Quadratmeter großer Naturbadesee.
Eine Rutsche, ein Fun-Floß, ein Sprungturm und ein Wassertrampolin mit 10 Metern Durchmesser locken Besucher zum Freizeitvergnügen an.
Sandstrände und Liegewiesen laden zum Verweilen ein.
Außerdem gibt es die Möglichkeit zum Tauchen, Surfen, Segeln und Tretbootfahren.
Zudem kann man auf dem Gelände des Ferienparks auch Großschach, Beachvolleyball und Boule spielen.
Weiter gibt es 18 Golfbahnen auf denen man sich an Fußballgolf versuchen kann. Eine Platzrunde dauert etwa 2-3 Stunden. Für Badegäste stehen sanitäre Anlagen und Umkleidekabinen zur Verfügung.

Öffnungszeiten:
Montag bis Sonntag von 09:00 Uhr bis 22:00 Uhr
Weitere Informationen unter: Tel.: 04458 / 91663

○ ST. JOHANNES – KIRCHE

Kirchstraße 8, 26215 Wiefelstede

Die St. Johannes-Kirche gehört zu den ältesten Kirchen im Ammerland. Der Bau der Kirche begann wurde im 12. Jahrhundert.Bis weit ins 15.Jahrhundert wurde ihre Architektur stetig verändert.

Der freistehende Glockenturm wurde im 15. Jahrhundert aus Backsteinen erbaut und die beiden Glocken im Turm, wurden 1503 und 1507 gegossen.
In der Kirche können Besucher u.a. die gotischen Wandmalereien des ausgehenden 14. Jahrhunderts bestaunen.
Weitere Informationen unter: Tel.: 04402 / 6438

○ HEIMATMUSEUM

Hauptstrasse 11, 26125 Wiefelstede

Das Heimatmuseum Wiefelstede bietet dem Besucher Ausstellungen der Bereiche Kulturgeschichte, Alltagsgeschichte und aktueller regionaler Kunst sowie Kunsthandwerk.
Neben den Ausstellungen bietet das Heimatmuseum etwas ganz Besonderes: Die Besucher können im Atelier und in der Werkstatt nicht nur zuschauen, sondern auch mitmachen.
Öffnungszeiten:

Samstag:	16:00 Uhr- 18:00 Uhr
Sonntag:	14:00 Uhr- 18:00 Uhr

und nach Vereinbarung

Ende einer Karriere

Können Sie nachempfinden, wie man sich fühlt, wenn man in einem engen Raum hockt, der erfüllt ist von winterlicher Kälte? Wie es ist, wenn man ständig auf vier graue Wände starrt? An der einen Wand steht ein klappriges Metallgestell, auf dem eine zerschlissene Matratze liegt und darauf eine kratzige Wolldecke, die mich in der Nacht schon lange nicht mehr wärmt. Eine schirmlose schmutzige Glühbirne hängt von der kahlen Decke und spendet nur spärliches Licht. In einer der Ecken befindet sich der Abort, ohne Deckel.

Sie können sich sicher vorstellen, dass ich langsam am Durchdrehen bin. Seit fünf Monaten und zwei Tagen sitze ich nachts in diesem Loch. Ich könnte vor Selbstmitleid zerfließen, doch dass tue ich mir nicht an. Wenn ich ehrlich bin, habe ich mir selbst zuzuschreiben, dass ich dieses Dasein friste. Ich habe einen Fehler gemacht und dies ist die Strafe. Trotz meiner prekären Lage kann ich noch von Glück reden, denn ich hätte meine Dummheit leicht mit dem Leben bezahlen können und kein Mensch hätte meinen Tod betrauert.

Dabei ist mir bis zu jenem Tag vor fünf Monaten noch nie ein Fehler unterlaufen. Ja, ich kann sogar mit Fug und Recht behaupten, dass ich bei den 156 Einbrüchen meiner zehnjährigen Karriere nie geschnappt wurde. Nur einmal, als Vierzehnjähriger, wurde ich bei einem Ladendiebstahl von der Polizei festgenommen. Doch das ist lange her. Seitdem gehöre ich im Ammerland wohl zu den erfolgreichsten unerkannten Einbrechern. Es liegt nicht nur daran, dass ich schnell rennen kann und ein unauffälliges Auftreten habe. Nein, ich bringe mich auch ständig auf den neuesten Stand über Einbruchssicherungen und all dem Schnickschnack, von dem die Leute glauben, dass man damit Einbrecher von ihrer Tat abhalten könne. Doch da haben sie die Rechnung ohne mich gemacht. Außerdem ist es immer hilfreich, seine potentiellen Opfer und deren Umfeld, tagelang zu observieren.

Auch an jenem Tag vor fünf Monaten, als ich in das Haus von Edda Gerken in der Eisenstraße einbrechen wollte, kannte ich mein Opfer schon so gut, als handelte es sich um meine eigene Großmutter.

Es war ein heißer Julitag, als ich in meinem Bauwagen, den ich für ein paar Tage an der Halfsteder Bäke abgestellt hatte, erwachte. Eigentlich hatte ich in die **Bücherei** gehen wollen, doch diese war noch geschlossen und so setzte ich mich auf mein Fahrrad und fuhr geradewegs zum **Schwembad**, um ein paar Bahnen zu ziehen. In der Nacht hatte es sich kaum abgekühlt und so zeigte das Thermometer bereits in den frühen Morgenstunden siebzehn Grad Celsius an. Als ich im Bad ankam, war das Seniorenschwimmen im vollem Gange. Aus meinen früheren Erfahrungen wusste ich, dass Senioren es nicht mochten, wenn Fremde auf ihre Schwimmbahnen gerieten. Ich beschloss, mir den Stress zu ersparen und sah ein, dass es mit der morgendlichen Abkühlung wohl nichts werden würde.

Zwei ältere Damen um die Siebzig lagen nebeneinander auf einer Liege und schauten ihren Altersgenossen tratschend beim Schwimmen zu. Eine von ihnen war Edda Gerken, wie ich später herausfand.

Ich legte mich etwas abseits auf ein Handtuch und steckte mir Kopfhörer in die Ohren, ohne meinen Player jedoch anzustellen. Ich brauchte nicht lange, bis ich herausfand, dass Edda Gerken sich jeden Morgen um acht Uhr für eine Stunde mit ihrer Freundin Heide traf, um sich über den neuesten Klatsch und Tratsch

von Wiefelstede auszutauschen. Interessiert stellte ich dabei fest, dass Edda Gerken alleine lebte und ihr Sohn wohl schon mit sechzehn das Elternhaus verlassen hatte.
Als Eddas Gerken nach gut einer Stunde aufbrach, heftete ich mich unbemerkt an ihre Fersen.
Sie war zum Glück, wie ich, mit dem Fahrrad da und so war es anfangs ein Leichtes, sie nicht aus den Augen zu verlieren. Doch nach ihrem kurzen Zwischenstopp am **Tante Emma Laden** am Alten Postweg, nahm sie plötzlich an Geschwindigkeit zu. Erst da bemerkte ich, dass sie ein E-Bike fuhr. Ich hatte große Mühe ihr zu folgen.
Als sie ihr Haus erreichte, fuhr ich an ihr vorbei, den Blick starr nach vorn auf die Straße gerichtet. Sie sollte nicht bemerken, dass ich sie verfolgt hatte.
Nach drei Tagen beschloss ich, ihrem Haus während ihres Aufenthalts im Schwimmbad einen Besuch abzustatten.
Diesmal fuhr ich mit dem Traktor, einem alten Deutz, den ich als Zugmaschine für meinen Bauwagen nutzte, vor und parkte ihn zwei Häuser weiter.
Auf dem Land ist es keine Seltenheit, dass irgendwo ein Trecker steht und so glaubte ich nicht, dass er Aufsehen erregen würde.
Als ich mit einer großen Sporttasche auf das Haus zusteuerte, war die Straße menschenleer. Vielleicht lag es an der frühen Morgenstunde oder an der Tatsache, dass Schulferien waren. Mir konnte es nur recht sein, denn mein Werkzeug, das ich immer bei mir trug, wurde leider immer umfangreicher. Schuld daran sind die neuen Technologien in der Einbruchssicherung.
Das Haustürschloss machte es mir leicht. Während ich fünf Sekunden brauchte, um das Schloss zu öffnen, musste ich über das Schild neben der Tür mit der Aufschrift: „Vorsicht, Ihr Leben könnte in Gefahr sein“ schmunzeln.

Mal etwas einfallsreicher als Warnungen vor bissigen Hunden, dachte ich amüsiert und öffnete die Haustür. Als ich gerade den Fuß über die Schwelle setzen wollte, hörte ich ein leises Knacken über meinem Kopf. Noch ehe ich zur Seite springen konnte, ergoss sich ein Schwall eisigen Wassers über meinen Körper. Ich schrie erschrocken auf und blickte auf einen umgekippten Eimer, der über mir an einer Vorrichtung hing.

Ich konnte von Glück reden, dass er nicht mit etwas anderen, wie Teer oder Säure, gefüllt gewesen war.

Schnell versuchte ich mich zu beruhigen. Ließ meinen Fehler, nicht auf einen Kontakt auf dem Fußboden geachtet zu haben, durchgehen und gelobte mir, mich von nun an wieder voll auf meinen Job zu konzentrieren, denn schließlich war ich nicht zum Spaß hier.

Von der Haustür aus sah ich im unteren Bereich zwei Türen und drei Meter von mir entfernt eine Treppe, die in die obere Etage führte.

Grundsätzlich begann ich meine Hausdurchsuchung immer oben und arbeitete mich dann nach unten durch. Ich wollte gerade die erste Treppenstufe betreten, als ein Schwall dichten Nebels von oben kommend die Treppe herunter waberte. Doch diese Überraschung löste nur ein leichtes Schulterzucken bei mir aus.

Dieser Nebel, der innerhalb von fünf Sekunden riesige Räume verhüllte, war im Moment der letzte Schrei. Schnell öffnete ich meine Sporttasche und entnahm ihr meinen umgebauten Handlaubsauger, der nun als Handstaubsauger fungierte.

Mit einem leisen Brummen des Motors nahm das Gerät seinen Betrieb auf. Nebel begann in der Saugdüse zu verschwinden wie der Geist in einem orientalischen Märchen in einer Flasche. Stufe um Stufe ging ich vorsichtig die Treppe empor, als ich plötzlich eine Stimme hörte, die mir bekannt vorkam.

„Könnten Sie bitte den Radau abstellen." Ich blickte nach hinten und sah Edda Gerken erbost in der Tür stehen.
Erschrocken stellte ich den Staubsauger aus. Ich sah, wie sie vergeblich vor ihrem Gesicht herum wedelte, um eine klare Sicht auf mich zu bekommen.
„Kommen Sie in die Küche, bevor ich auch dort nichts mehr sehen kann."
Ich wunderte mich, mit welcher Selbstverständlichkeit sie mit mir redete. Als hätte sie mich bereits erwartet. Ich beschloss ihr zu folgen und ging zu ihr in die Küche.
Ohne einen Anflug von Sorge ich könnte ihr etwas antun, wandte sie mir den Rücken zu, stellte sich an den Herd und rührte in einer Pfanne herum.
„Mögen Sie Rührei mit Spinat? Siegbert mochte nie Spinat, ich hoffe Sie sind nicht so mäkelig."
„Ich habe nichts gegen Spinat", erklärte ich und blieb an dem gedeckten Frühstückstisch stehen. So ganz hatte sie wohl doch nicht mit mir gerechnet, ging es mir durch den Kopf, als sie Besteck, einen weiteren Teller und einen Becher auf den Tisch stellte, den sie mit frisch gebrühtem Kaffee füllte.
„Kennen wir uns?", fragte ich die Frau in der Annahme, dass sie mich mit jemandem verwechselte.
„Aus dem Schwembad, aber das wissen Sie doch selbst. Sie sind doch der junge Mann, der seit ein paar Tagen mit einem Trecker und einem ziemlich heruntergekommen Bauwagen an der Halfsteder Bäke steht."
Ich nickte und langsam stieg Unbehagen in mir auf. Wie gut sie Informiert war.
Sie belud einen Teller mit einer riesigen Portion Rührei und Spinat und einen anderen mit einer Portion, von der nicht mal ein Spatz satt geworden wäre.

„Ich nehme an, Sie ziehen durch die Lande und verdingen sich mal hier und mal da als Einbrecher?“

Sie hatte mich durchschaut und ich fand es wenig sinnvoll, ihrer Annahme zu widersprechen.

„So ist es“, sagte ich nicht ohne ein wenig Stolz.

„Ich bin übrigens Edda, aber ich denke, dass wissen Sie bereits. Darf ich nach Ihrem Namen fragen oder ist das ein Berufsgeheimnis?“

Eddas direkte Art verwirrte mich. Aber in der Regel brach ich in leerstehende Häuser ein und bis auf einen schlafenden alten Mann, war ich bei meinen Diebeszügen nie auf Bewohner gestoßen. Dies war eine Premiere und ich hatte noch keinen Plan, wie es hier weitergehen würde.

„Ich heiße Henning.“

„Also gut, Henning. Nun stehen Sie nicht herum wie eine Salzsäule. Setzen Sie sich, bevor das Essen kalt wird.“

Ich kam ihrer Aufforderung nach und verspürte tatsächlich einen mächtigen Appetit.

„Ist Siegbert Ihr Mann gewesen?“, fragte ich, weil ich es nicht mochte, beim Essen zu schweigen.

„Nein, mein Sohn“, erklärte Edda und zeigte auf ein Foto auf der Fensterbank.

Soweit ich es beurteilen konnte, wirkte ihr Sohn mit dem glatten, dünnen Haar und Seitenscheitel sowie dem schmächtigen Gesicht wie ein kränklicher Junge, der ohne die Hilfe seiner Mutter wohl nicht gut durchs Leben kommen würde.

„Siegbert ist schon lange aus dem Haus. Ab und an kommt er mich aber besuchen. Er ist ein lieber Junge. Er liebt seine Mutter, vergisst nie den Muttertag und auch nie ein Geschenk mitzubringen.“

Wie nett, dachte ich still und versuchte mir die traute Zweisamkeit zwischen Edda und Siegbert vorzustellen. Da ich selbst jedoch

in einem Kinderheim aufgewachsen war, gelang es mir nicht, die dazugehörigen Bilder vor meinem geistigen Auge abzurufen.
Ich hatte kaum die halbe Portion Rührei mit Spinat gegessen, als mir eine Frage nicht mehr aus dem Kopf ging.
„Was hat das Schild neben der Haustür zu bedeuten? Das ist doch nicht ernst gemeint."
„Und ob", rief Edda aus. „Ich werde es Ihnen nach dem Essen gern beweisen."
Ich bekam ein mulmiges Gefühl. Hatte sie vor, mich umzubringen und anschließend in ihrem Garten zu verscharren?
Edda schien meine Gedanken lesen zu können. Amüsiert beobachtete sie mich, wie ich in den leeren Kaffeebecher schaute.
„Keine Angst, ich will Sie nicht vergiften und habe auch kein Schlafmittel in den Kaffee gemischt, damit ich Sie schlafend der Polizei übergeben kann", sagte sie grinsend.
Ihre Worte beruhigten mich etwas, doch gleichzeitig beschlich mich ein schlechtes Gewissen.
„Sie wissen aber schon, dass ich das Haus nicht ohne Beute verlassen kann. Es würde gegen meinen Ethos als Einbrecher verstoßen."
„Aha", entgegnete Edda.
„An was denken Sie?"
„Am liebsten wäre mir Bargeld."
Edda verzog das Gesicht und nickte.
„So etwas hatte ich mir schon gedacht."
„Und? Habe ich bei Ihnen Glück?"
„Mehr als Glück, würde ich sagen. Allerdings..."
Ich horchte auf und schaute Edda direkt an. Sie schien zerknirscht. Irgendetwas beunruhigte sie.
„Was ist?", hakte ich nach.
„Kommen Sie mit!", sagte sie plötzlich und stand auf.

Ich folgte ihr zur Treppe. Der Nebel im Flur hatte sich fast verzogen. Nur auf Kniehöhe waberte er noch herum.
Als wir auf halber Treppe ankamen, zeigte sie auf die gegenüberliegende Wand, während sie die Verschlüsse zweier Drähte, die vom Geländer zur Wand gingen, öffnete.
Ich staunte nicht schlecht.
Sie hatte eine Stolperfalle auf der Treppe. Der Draht war mit dem Abzug einer Armbrust verbunden. Zu meinem Entsetzen sah ich den Pfeil, der den Unglücksraben, abhängig von seiner Körpergröße, in die Beine oder in die Weichteile treffen würde. Ein kalter Schauer lief mir den Rücken hinunter.
„Sehen Sie, wie gut, dass Sie vorhin auf mich gehört haben."
Ich nickte und war nun auch sehr froh darüber.
Edda führte mich in ihr Schlafzimmer, öffnete den Kleiderschrank und wies auf einen schmalen, schwarzen Aktenkoffer.
„Was ist da drin?"
„Geld."
„Wie viel?"
„62.000 €. Es ist unser Notgroschen, den sich mein Sohn und ich seit Jahren vom Mund abgespart haben. Aber ich nehme an, Sie würden sich nicht überreden lassen, das Geld hier zu lassen?"
Ich bückte mich, öffnete den Koffer und sah auf die Scheine. Sie schienen sich mir förmlich aufzudrängen.
„Tut mir leid, aber..."
„Ja, dachte ich mir schon", fiel Edda mir traurig ins Wort.
„Es würde auch nicht Ihre Entscheidung beeinflussen, wenn ich Ihnen sagen würde, dass ich meinem Sohn davon erzählen werde?"
„Ihrem Sohn, nicht der Polizei?"
„Nein, nur meinem Sohn."

Da ging mir ein Licht auf. Was immer ihr Sohn tat, dieses Geld war entweder Schwarzgeld oder auf nicht ganz legale Art und Weise verdientes Geld.
„Drogengeld?“, startete ich einen Versuch.
„Nein! Wo denken Sie hin? Das ist gespartes Geld. Immer wenn Siegbert oder ich etwas Geld übrig haben, kommt es in diesen Koffer.“
Ich nickte, wollte ihr glauben und schloss den Koffer.
„Es tut mir leid, aber ich denke, ich werde mich dann mal verabschieden.“
„Wollen Sie es sich nicht doch noch überlegen?“
„Nein, tut mir leid“, sagte ich.
Bevor ich mich an der Haustür von ihr verabschiedete, drückte ich ihr 2000 € in die Hand.
„Danke für das Essen und das hier“, sagte ich und zeigte auf den Koffer, den ich dann doch sicherheitshalber in meiner Sporttasche verstaute. Meinen selbstgebauten Staubsauger ließ ich da.

Keine fünf Minuten später saß ich auf meinem Trecker und holte mein Handy aus der Tasche.
Voller Euphorie rief ich meinen alten Kumpel Udo an, den ich noch aus dem Kinderheim kannte. Er hatte nach seiner Flucht eine ähnlich erfolgreiche Karriere gemacht wie ich. Er handelte mit Hehlerware und konnte einem von einem Schraubenzieher bis hin zur vollelektronischen Waschmaschine alles besorgen. Ab und an schusterten wir uns auch gegenseitig Aufträge zu. Immer unter dem Motto: Leben und Leben lassen.
„Hey Udo, ich bin es. Ich brauche da ein paar Sachen, könntest du mir dabei behilflich sein…?“
Udo versprach, sich darum zu kümmern. Er fragte nicht nach, wie ich mir solch eine lange Wunschliste leisten konnte. Meiner-

seits erzählte ich ihm auch nichts von der größten Beute, die ich je in meiner Karriere als Einbrecher ergaunert hatte.

*

Udo war nicht nur Händler, sondern auch ein ganz hervorragender Handwerker. Bereits am nächsten Tag war er mit seinem ramponierten, dunkelblauen Kleinlaster angerauscht und hatte mir die Sachen in meinen renovierungsbedürftigen Bauwagen eingebaut. Während er im Inneren werkelte, strich ich den Wagen in einem frischen Sonnenblumengelb.
Nach zwei Tagen sah mein Bauwagen aus wie nagelneu. Ich besaß nun eine kleine Waschmaschine, eine neue Spüle, ein neues Bettgestell samt Kaltschaummatratze und einen neuen Holzofen, der im Winter endlich Wärme im Wagen verströmen würde.
Ich hätte den sanierten Bauwagen glatt gekauft, wenn er nicht schon mir gehört hätte.

*

Drei Tage später beschloss ich, dass es langsam Zeit sei, weiterzuziehen. Mich hielt es nie länger als zwei Wochen an einem Ort. Eddas Geld würde sogar für eine kurze Auszeit genügen, aber ich war nicht der Typ, der seine Arbeit vernachlässigte. Das Nichtstun war nicht mein Ding.
Ich hatte gerade den Trecker vor den Bauwagen gespannt, als ich ein merkwürdiges Rattern vernahm. Im gleichen Augenblick, in dem ich mich umdrehe, um zu schauen, wer solch einen Lärm veranstaltete, bekam ich einen Schlag auf den Kopf. Dann wurde es um mich herum schwarz und unter mir sackten die Beine zusammen.

*

Als ich wieder zu mir kam, nahm ich als erstes den Geruch von Öl und Benzin wahr.
Ich saß gefesselt auf einem Stuhl in einer großen Halle und rüttelte an den Fesseln, obwohl ich wusste, dass es zwecklos war.
Ein großer, massiger Typ kam auf mich zu. Er trug eine Jeans und ein kurzärmliges Shirt, das den Blick auf seine tätowierten Arme freigab. Ich erkannte einen Totenschädel und den Oberkörper einer nackten Frau.
Der Mann trug einen langen schwarzen Bart. Seine Augen waren von einer Sonnenbrille bedeckt.
Als ich zur Seite blickte, bemerkte ich, dass wir nicht alleine waren. Schätzungsweise fünfzehn Männer, die ähnlich wie der Typ gekleidet waren, saßen auf ihren Harley Davidsons und blickten frostig zu mir und schienen darauf zu warten, was er mit mir machen würde.
„Hallo Henning! Endlich lernen wir uns mal kennen“, sprach er mich mit sonorer Stimme an.
„Ich bin der Siegbert. Meine Mutter hast du ja schon kennengelernt.“
Ich schwieg, wollte nicht antworten, denn ich war mir sicher, dass ich mich in diesem Moment weinerlich angehört hätte.
Nicht, dass ich meine Stimme nicht im Griff hätte, aber als er einen alten Tisch und einen alten Stuhl, beides aus meinem Bauwagen und beides mit Brandspuren, vor mich schob, ging meine Selbstsicherheit verloren. Auf einmal begriff ich, warum die alte Frau mir ihr Geld so einfach überlassen hatte. Sie wusste, dass ihr Siegbert es für sie zurückholen würde. In diesem Augenblick bereute ich es, nicht noch eine Weile mit der Renovierung meines Bauwagens gewartet zu haben. Nicht nur meine Karriere als Ein-

brecher, auch mein Leben war am Ende angelangt. Das war klar wie Kloßbrühe.
„Ich nehme an, du hast das Geld von mir und meiner Mutter gut für mich aufbewahrt?"
Schweigend schüttelte ich den Kopf.
„Du hast es also nicht mehr?"
Erneut schüttelte ich den Kopf.
„Steckt alles im Bauwagen. Bis auf eine kleine Summe. Die liegt unter meinem Bett."
Siegbert knirschte enttäuscht mit den Zähnen.
„Ach, hätte ich das mal vorher gewusst. Leider ist der Bauwagen in Flammen aufgegangen. So ein Pech aber auch."
Die Nachricht überraschte mich nicht. Natürlich würden sie jegliche Spur meiner Existenz vernichten. Erst den Bauwagen, dann den Trecker und dann mich.
„Mach ihn fertig, Siegbert. Brich ihm jeden einzelnen Knochen und dann entsorgen wir ihn für dich."
Ein schneller Tod wäre mir lieber, dachte ich bei mir.
Siegbert brachte seine Jungs mit einer Handbewegung zum schweigen und beugte sich zu mir über den Tisch.
„Heute scheint dein Glückstag zu sein. Meine Mutter findet dich kleines, mieses Bürschchen ganz bezaubernd. Und was sie besonders an dir mag ist die Tatsache, dass sie endlich jemanden gefunden hat, der ihr Rührei mit Spinat essen mag."
Er holte einen Zettel hervor und legte ihn vor mich auf den Tisch.
„Das hat meine Mutter für dich ausgehandelt. Sie war der Meinung, dass ich dich nicht beseitigen soll."
Er tippte auf den Zettel und erklärte:
„Die Summe, die du uns schuldest, beträgt 60.000 €. Bei einem aktuellen Mindestlohn von 9,35 € muss man dafür 6417 Stunden arbeiten. Bei einer durchschnittlichen Tagesarbeitszeit von 7,5 Stun-

den ohne Pause, sind das genau 855 Tage oder besser gesagt, rund 2 Jahre und 4 Monate. Das bedeutet, dass du so lange unser Eigentum bist.“ Mit diesen Worten stand er auf, band mich vom Stuhl und führte mich in einen kleinen Raum neben der Halle.
„Hier wirst du die Zeit nachts verbringen und am Tage wirst du die fünfundzwanzig Maschinen der Clubmitglieder zum Glänzen bringen. Da meine Jungs mit meiner Entscheidung nicht zufrieden sind, würde ich mich an deiner Stelle echt zusammenreißen und die Arbeit zu ihrer vollsten Zufriedenheit erledigen.“
Mit diesen Worten schubste er mich in den kleinen Raum und verriegelte die Tür.

❍ SCHWEMBAD

Alter Damm 11, 26215 Wiefelstede

Das Bad bietet auf vier 25 Meter-Bahnen mit Hubboden und einer Wassertemperatur von 28 Grad puren Badegenuss.
Für ein ausgelassenes Erlebnis sorgen Unterwasserliegen, zwei Jetstreams, Schulterduschen und ein Unterwasser-Geysir.
Für Kinder gibt es ein Planschbecken mit Wasserspielzeugen.
Ein Bistro mit warmen und kalten Speisen sowie Getränken lädt ebenfalls zum Verweilen ein.
Jeden 1. Samstag im Monat findet ein „Fun & Action Day" statt.

Das Bad ist von September bis April geöffnet.

Öffnungszeiten des Hallenbades:

Montag:	12:30 Uhr bis 16:00 Uhr
	19:00 Uhr bis 21:00 Uhr
Dienstag bis Donnerstag:	14:00 Uhr bis 21:00 Uhr
Freitag:	12:30 Uhr bis 20:00 Uhr
Samstag:	13:30 Uhr bis 18:00 Uhr
	15:00 Uhr bis 17:00 Uhr

Weitere Informationen unter:

Tel.: 04402 / 6699

○ BÜCHEREI WIEFELSTEDE

Kirchstraße 10, 26215 Wiefelstede

Verschiedene Bücher, ebooks, Cd's und DVD's sind nur eine kleine Auswahl dessen, was in dieser Bibliothek ausgeliehen werden kann. Sie bietet einen kostenlosen öffentlichen Internetzugang.
Für Kinder ist die Ausleihe kostenlos.
Weitere Informationen unter: Tel.: 04402 / 965240

○ TANTE - EMMA - LADEN

Alter Postweg 18, 26215 Wiefelstede – Neuenkruge

Der Laden wurde 1912 eröffnet und hat sich bis heute den Charme eines Kaufmannsladens erhalten. Das Gemischtwarengeschäft verkauft Lebensmittel, Geschenkartikel und Textilien.
Öffnungszeiten:

Montag bis Freitag:	08:30 Uhr bis 12:30 Uhr
	14:30 Uhr bis 18:00 Uhr
Samstag:	07:00 Uhr bis 12:30 Uhr

Weitere Informationen unter: Tel.: 04402/ 4647

Notizen

Notizen

Notizen

Notizen